Ralf Hillmann

Seitensprung

Seitensprünge,
Fremdgehen, Untreue

- verstehen -
- verarbeiten -
- bewältigen -
- überwinden -
- vergeben -
- verzeihen -

Der Weg zurück
in die vertrauensvolle
Partnerschaft

Hinweis zur Haftung

Die im Buch veröffentlichten Gedanken und Empfehlungen basieren auf den Erfahrungen des Autors und wurden intensiv erarbeitet und geprüft. Sie ersetzen keine ärztliche oder therapeutische Behandlung und sollen auch keine laufende oder bevorstehende Behandlung medizinischer oder psychotherapeutischer Art ersetzen. Weder Autor noch Verlag können für in diesem Buch gemachte Angaben Gewähr übernehmen. Es bleibt in Ihrer alleinigen Verantwortung als Leserin, als Leser jede der gemachten Angaben Ihrer eigenen Prüfung zu unterziehen. Auf die geltenden gesetzlichen Bestimmungen weisen wir ausdrücklich hin!

Bibliografische Information der Deutschen Nationalbibliothek

Die Deutsche Nationalbibliothek verzeichnet diese Publikation in der Deutschen Nationalbibliografie; detaillierte bibliografische Daten sind im Internet über https://portal.dnb.de abrufbar.

© Copyright 2022: Hillmann, Ralf
Herstellung und Verlag: BoD – Books on Demand, Norderstedt
Autor: Ralf Hillmann
ralf-hillmann@t-online.de
Covergestaltung: Ralf Hillmann
Bildmotiv „Hand in Hand": Tobias Schnotale
ISBN: 978 3753463728

INHALT

Der Weg zu einer respektvollen Lösung

Bevor Sie mit dem Lesen starten
Liebe Leserinnen und Leser, in diesem Buch geht es um Menschen in Beziehungen – zum einen um jene, die aus irgendeinem Grund Untreue begingen, und zum anderen um jene, die dabei hintergangen wurden. Aus Gründen der Vereinfachung verwende ich nachfolgend nur die Bezeichnungen Seitenspringer und Hintergangener!

Genderhinweis: In einem Buch in dem mit fast jeder Zeile alle Geschlechter gleichzeitig angesprochen oder bezeichnet werden, wo also jene Menschen, die Untreue begingen genauso wie jene, die dabei hintergangen wurden, männlich, weiblich oder divers sein können, empfinde ich es als Autor sehr schwierig, jeweils jeden Satz korrekt zu gendern und dabei noch gut lesbare und verständliche Sätze zu formulieren. Deshalb verwende ich einzig und allein aus Gründen der besseren Lesbarkeit überwiegend die männliche Sprachform. Diese Vereinfachung beinhaltet keine Wertung! Sämtliche Angaben beziehen sich im Sinne der Gleichbehandlung selbstverständlich immer auf Angehörige aller Geschlechter (männlich, weiblich, divers).

Buchvorstellung und Einführung
Dieses Buch dient Ihnen dazu, Seitensprünge aus verschiedenen Perspektiven zu beleuchten. Es soll betroffenen Paaren dabei helfen zu klären, ob sie die gemeinsame Beziehung fortführen möchten. Vor allem geht es dabei auch um die Frage, ob und wie das überhaupt nach solch einem massiven Vertrauensverlust möglich werden kann. Zu Beginn habe ich Ihnen einige grundlegende Informationen darüber zusammengestellt, auf welcher Basis es überhaupt erst möglich wird, eine dauerhaft glückliche Partnerschaft miteinander führen zu können. Denn wenn es zu einem Seitensprung kommt, ist es in der Regel sinnvoll, dies als Zeichen dafür anzusehen, dass es an der gemeinsamen Beziehungsbasis in irgendeiner Form ein Defizit geben muss. Es mag sein, dass dieses Defizit nur auf ein paar scheinbar unbedeutende Kleinigkeiten zurückzuführen ist, die Ursachen können aber auch viel schwerwiegender sein. Letztlich geht es in diesem Buch darum, die Ursachen, die einem Seitensprung

zugrunde liegen, zu erforschen. Das halte ich deswegen für sehr wichtig, weil Sie – falls Sie Ihre Beziehung retten und fortführen möchten – unbedingt an der Optimierung Ihrer Beziehungsbasis arbeiten sollten. Denn leider kann es sein, dass Vergebung und Wiedergutmachung nicht ausreichen, um wieder miteinander glücklich zu werden. Wenn es zu Vergebung und Wiedergutmachung kommt, ist das zwar sehr viel wert, aber dadurch hat sich noch lange nicht die Grundlage der Beziehung verbessert. Die Gründe weshalb der Seitensprung überhaupt passieren konnte, existieren dann noch.

Wenn es nicht gelingt, das Fundament der gemeinsamen Beziehung zu erneuern, wird sie vermutlich mit der Zeit weiterhin an Intensität, Qualität und Stabilität verlieren. Wenn es hingegen gelingt, die gemeinsame Beziehung von der Basis an zu erneuern, kann sie lebendiger, respektvoller, stabiler, vertrauensvoller und glücklicher miteinander erlebt werden als zuvor.

Das Buch unterstützt den Hintergangenen und den Seitenspringer dabei, zunächst einmal zu klären, was der Seitensprung überhaupt zu bedeuten hat. Was bedeutet er für den Hintergangenen und welche Bedeutung hat er für dessen zukünftiges Leben? Was wünscht er sich? Welche Bedeutung hat der Seitensprung für den Seitenspringer und welche Bedeutung hat er für sein zukünftiges Leben? Was wünscht er sich? Wünschen sich beide, die Beziehung miteinander fortführen zu können? Oder wünscht sich das mindestens einer von beiden nicht? Sind also die Wünsche des einen auch die Wünsche des anderen? Wenn beide sich nicht dasselbe wünschen, welche Lösung ist dann angemessen und respektvoll? Wenn beide sich dasselbe wünschen, wie lässt sich der gemeinsame Wunsch respektvoll gestalten? Kurz gesagt beschäftigt sich dieses Buch mit folgenden Themen:

Erstens: Grundlegendes über glückliche Partnerschaften wie beispielsweise über die menschlichen Bedürfnisse nach Autonomie, Bindung, Gleichberechtigung, Offenheit, Ehrlichkeit, Vertrauen, Respekt, Empathie, Wertschätzung etc. sowie Informationen darüber, welche Basis, welchen Schutz und welchen Rahmen eine Beziehung braucht; wie Enttäuschungen zu hinterfragen sind und welche Unterschiede es zwischen den drei Bedürfnisdimensionen Liebe, Sexualität und Partnerschaft gibt.

Zweitens: Wissenswertes rund um das Thema Seitensprünge wie beispielsweise Informationen über verschiedene Arten von Seitensprüngen; vier mögliche Dimensionen von Seitensprüngen; Situationen, die zu Fremdgehen führen können; was bei einem Seitensprung erkannt werden kann; vom Schmerz, den ein Seitensprung verursacht; von der Wucht des Seitensprungs für alle drei Beteiligten; vom Gefühls-Chaos des Hintergangenen; vom Gefühls-Chaos des Seitenspringers; was der Seitenspringer anerkennen und lernen kann; was der Hintergangene anerkennen und lernen kann; von den hohen Idealen des Hintergangenen; von den hohen Idealen des Seitenspringers; was für ein Mensch der Seitenspringer ist; was für ein Mensch der Hintergangene ist; von wechselseitigem Verständnis füreinander; von der Zeit, die der Seitenspringer und der Hintergangene jeweils für sich brauchen; vom Vergeben und Verzeihen; von Wiedergutmachung; von Vertrauensvorschüssen; von Wahrheit, die der Beziehung schadet bzw. nicht schadet; Seitensprung-Beispielfälle aus meiner Beratungspraxis und vieles mehr …

Drittens: Vorausblick darauf, was auf Sie beide zukommt, wenn Sie sich dazu entschließen, der gemeinsamen Beziehung noch einmal eine Chance zu geben! Beispielsweise: Bestimmung der zugrundeliegenden Probleme; Erkundung der Unterschiede, die häufig zu Problemen führen; Identifizierung der unerfüllten Bedürfnisse; Unterscheidung von angemessenen, zielführenden und unangemessenen, nicht zielführenden Erfüllungsstrategien; Einladung zur Reflexion; Übungen zur Erkenntnis-Vertiefung etc.

Zum Umgang mit diesem Buch: Mit diesem Arbeitsbuch richte ich mich an beide Beziehungspartner. Ich habe es für den Hintergangenen und für den Seitenspringer geschrieben. Für ideal halte ich es, wenn Sie beide zunächst einmal das Buch jeweils für sich alleine lesen. Schauen Sie, was das Lesen mit Ihnen macht! Sprechen Sie vorerst nicht über das Gelesene miteinander! Warten Sie mit der gemeinsamen Klärung Ihrer Beziehungssituation ab, bis Sie beide alles von Anfang bis Ende durchgelesen haben.

Wenn Sie es sich dann beide zutrauen, respektvoll und aneinander interessiert an einer Klärung zu arbeiten und nach Lösungen zu suchen, lesen Sie das Buch noch einmal beide gemeinsam. Vielleicht möchten Sie sich abwechselnd gegenseitig daraus vorlesen!? Wenn Sie sich die Zeit nehmen und schenken können, tun Sie beide vorerst weiter nichts, als den Inhalt noch einmal gemeinsam zu lesen! Unterhalten Sie sich über das Gelesene noch nicht! Lesen Sie einfach bis zum Ende des Buches weiter. Das ist insbesondere dann sinnvoll, wenn Ihnen das Lesen immer wieder mal unangenehme Gefühle bereitet – etwa weil manche wunden Punkte dabei reaktiviert werden oder weil Sie sich gegen manches, was ich Ihnen an Informationen bereitstelle, innerlich sträuben.

Wenn Sie dann mit dem gemeinsamen Durchlesen des Buches fertig sind, lassen Sie alles noch einmal einige Tage auf sich wirken. Sobald Sie beide die Bereitschaft in sich finden, respektvoll und aneinander interessiert über alles offen und ehrlich zu sprechen, nehmen Sie das Buch noch einmal gemeinsam zur Hand. Lesen Sie es erneut zusammen. Reden Sie dann über jeden einzelnen Abschnitt miteinander. Tauschen Sie sich über das Gelesene aus! Wie ist das bei Ihnen ganz genau? Was macht das, was Sie da gerade lesen, mit Ihnen? Sprechen Sie möglichst offen und ehrlich über all das! Üben Sie sich darin, miteinander respektvoll umzugehen und einander keine Vorwürfe zu machen.

Sobald Ihr gemeinsames Gespräch in einen Streit umzukippen droht, brechen Sie die Unterhaltung bitte ab! Starten Sie ein anderes Mal noch einmal neu! Ein Streit wird Sie niemals weiterbringen. Zumindest nicht dahingehend, dass Sie sich dabei aufeinander zubewegen. Ein Streit kann die Kluft zwischen Ihnen beiden nur vergrößern. Die Lage spitzt sich dann immer weiter zu und die Chancen, bei einem nächsten Mal sachlich und respektvoll über alles reden zu können, nehmen immer weiter ab.

Ich wünsche Ihnen viel Kraft und Mut, sich der Realität zu stellen und die Bereitschaft, offen, ehrlich und verständnisvoll aufeinander zugehen zu können!

Herzlichst – Ihr Ralf Hillmann

1.) ÜBER PAARBEZIEHUNGEN

Von den Bedürfnissen nach Autonomie und Bindung
Wir alle haben grundlegende menschliche Bedürfnisse. Alle menschlichen Bedürfnisse ermöglichen uns ein Leben als Mensch. Zu diesen menschlichen Bedürfnissen gehören z.B. die Bedürfnisse nach Respekt, Wertschätzung, Empathie, Selbstwert, Autonomie, Bindung, Gemeinschaft – um nur wenige zu nennen!

Zu Autonomie und Bindung: Wir alle wünschen uns also eine eigene Privat- und Intimsphäre. Wir wollen selbstbestimmt und frei sein in unserer Entwicklung und Entfaltung. Zugleich wollen wir eingebunden sein in eine Gemeinschaft, in soziale Strukturen, und natürlich steht als ganz großes Bindungsziel eine glücklich machende, dauerhafte, vertrauensvolle Liebesbeziehung zu einem anderen Menschen auf unserer Wunschliste. Doch passen die beiden natürlichen menschlichen Bedürfnisse nach Bindung und Autonomie eigentlich zusammen? Das eine scheint in gewisser Weise doch eher das Gegenteil vom anderen zu sein.

Dass die beiden gegensätzlichen Bedürfnisse von Natur aus zusammenpassen, kann man wirklich nicht behaupten. Das kennt jeder schließlich von sich selbst. Wir alle wünschen uns einerseits autonom und andererseits mit anderen verbunden zu sein. In einer Zweierbeziehung sind diese Bedürfnisse dann natürlich noch schwieriger miteinander in Einklang zu bringen. Ob sie sich miteinander vereinbaren lassen, hängt meiner Erfahrung nach mit der persönlichen Entwicklung eines jeden einzelnen zusammen. Die gegensätzlichen Bedürfnisse harmonieren dann miteinander, wenn beide Partner die soziale Kompetenz und die psychologische Reife besitzen, den jeweils anderen im Großen und Ganzen als den Menschen zu achten und anzuerkennen, der er ist.

Da die beiden Bedürfnisse nach Autonomie und Bindung gleichzeitig von Natur aus existieren, sind wir herausgefordert, für ein Gleichgewicht zwischen ihnen zu sorgen, damit keines einen Mangel an Erfüllung erleidet. Das ist ganz nebenbei gesagt bei allen Bedürfnissen so. Eine Balance zu finden und zu halten, ist nicht immer einfach. Es erfordert, dass zwei Menschen, die dauerhaft in einer Beziehung zusammen leben möchten, sich für sich selbst und füreinander interessieren, sowie einander achten, respektieren und wertschätzen. Wenn Menschen sich beispielsweise eine monogame Beziehung wünschen, stecken sich beide Partner in der Regel als oberstes Ziel und Gebot, einander treu zu sein. Dieser Wunsch nach Treue ist für gewöhnlich so groß, dass die Vorstellung, der Partner könnte sich einmal in einen anderen Menschen verlieben oder auch einfach nur einmal fremdgehen, geradezu unerträglich erscheint. Sollte es doch jemals passieren, wäre das das Schlimmste, was einem passieren kann (Vertrauensbruch), denkt man. Der Wunsch nach Treue existiert nahezu in fast allen Beziehungen. Auch wenn es heute viele unterschiedliche Beziehungsmodelle gibt, wo sich die Beziehungspartner beispielsweise gegenseitig erlauben, hin und wieder erotische Abenteuer mit anderen zu erleben, so ist eine Beziehung, die von dem Wunsch nach monogamer Treue geprägt ist, nach wie vor das am weitesten verbreitete Ideal. Einander über viele Jahre lang wirklich treu zu sein, ist allerdings schon aufgrund unserer natürlichen Bedürfnisse nicht immer die allereinfachste Übung. Und ganz besonders dann nicht, wenn es Defizite in der gemeinsamen Beziehung gibt.

Wie bereits erwähnt, existiert in jedem von uns nicht nur das Bedürfnis nach Bindung, sondern auch das Bedürfnis nach Autonomie. Ganz zu schweigen von den Bedürfnissen nach Abenteuer, Lust, Erotik und vielen anderen mehr. Wenn eine Paarbeziehung im Großen und Ganzen intakt ist, fällt es in der Regel leicht, gegensätzliche Bedürfnisse in Balance zu bringen, bzw. unter einen Hut zu kriegen. Innerhalb der Grenzen eines möglichst klar abgesteckten Rahmens (der Rahmen der Beziehung) ist es dann möglich, sich frei zu entfalten und zu bewegen. Es herrscht ein Gleichgewicht zwischen den unterschiedlichen und zum Teil gegensätzlichen Bedürfnissen beider Partner. Ist eine Paarbeziehung allerdings im Großen und Ganzen nicht intakt, kann es mit der Zeit aufgrund von unerfüllten Bedürfnissen, wie beispielsweise die Bedürfnisse nach Wertschätzung, Respekt, Empathie, Verständnis, Lebensfreude etc. nicht ganz so einfach sein, sich an den Treueschwur zu halten.

Fremdgehen hat also auch immer etwas mit einem Ungleichgewicht zwischen unterschiedlichen Bedürfnissen zu tun. Beispielsweise zwischen den Bedürfnissen nach Bindung und Autonomie. Aber auch bei einer Vielzahl anderer Bedürfnisse kann es – wie bereits erwähnt – zu einem Ungleichgewicht an Erfüllung kommen. Mit Bedürfniserfüllung hat es in jedem Fall immer zu tun. Daher möchte ich an dieser Stelle einmal Folgendes postulieren: Sicher gibt es Seitenspringer, die deshalb Seitenspringer sind, weil sie ganz bewusst ein heimliches Seitenspringerdasein führen möchten bzw. aus unehrenhaften, hinterlistigen Gründen ihren Partner oder ihre Partnerin betrügen. Es sind einfach unehrliche Menschen und sie sind nicht vertrauenswürdig. Nicht weil sie wechselnde erotische Beziehungen mögen – dagegen ist schließlich nichts einzuwenden, jeder kann nur für sich selbst herausfinden und entscheiden, was ihn glücklich macht – sondern, weil sie es vor ihrer Partnerin oder ihrem Partner, der bzw. dem sie Treue vorgaukeln, ganz bewusst und ohne Skrupel verheimlichen und deshalb Vertrauen missbrauchen.

Aber, um was es mir hier in diesem Buch geht: Auch wenn es diese charakterschwachen, betrügerischen, vertrauensunwürdigen, fiesen Seitenspringer sicherlich gibt, so bin ich – nicht zuletzt aufgrund meiner Erfahrungen als Paarberater – doch davon überzeugt, dass die meisten Menschen, die einmal oder eine Zeit lang fremdgegangen sind, nicht zu dieser Personengruppe gehören. Sie gingen nicht fremd, weil sie ihr wahres Ich von Anfang an verheimlichten, oder sich irgendwann bewusst und skrupellos für die Verheimlichung ihrer wahren Wünsche entschieden haben. Nein, sie gingen fremd, weil sie ganz normale Menschen sind, die sich nun mal von Natur aus in einem Wust von unterschiedlichen, zum Teil auch sehr gegensätzlichen menschlichen Bedürfnissen und gesellschaftlichen Anforderungen zurechtfinden müssen, und dabei irgendwann einmal in eine Überforderung gerieten sowie die Kontrolle über ihr eigenes Denken, Fühlen und Handeln verloren.

Von Gleichberechtigung
Eine der wichtigsten Basis-Zutaten für eine glückliche Beziehung ist die absolute Gleichberechtigung bzw. Gleichwertigkeit beider

Partner. Hiermit ist nicht gemeint, dass sich jeder zu gleichen Teilen an der Haushaltsarbeit oder Ähnlichem zu beteiligen hat. Genauso wenig geht es darum, das Einnehmen männer- oder frauenspezifischer Rollen abzuschaffen. Wenn beide sich dabei wohlfühlen, darf auch einer dominanter bzw. devoter sein als der andere. In einer Beziehung gleichberechtigt bzw. gleichwertig zu sein bedeutet, dass die Bedürfnisse, Meinungen, Gefühle, Interessen, Wünsche, Begehren, Fähigkeiten, Unfähigkeiten, Eigenschaften, Talente, Stärken, Schwächen, Ängste und Defizite von beiden Beteiligten gleich viel Bedeutung haben und jeder auch das gleiche Recht auf deren Anerkennung bzw. Berücksichtigung hat – auch, wenn diese bei beiden zum Teil sehr unterschiedlich sein können. Ferner braucht die funktionierende Beziehung kontinuierliche und bewusste Aufmerksamkeit und Pflege! Behandeln sich zwei Liebende gleichberechtigt bzw. gleichwertig, ist Beziehungspflege verhältnismäßig einfach. Denn wer sich selbst und den anderen als gleichberechtigt bzw. gleichwertig anerkennt, begegnet sich im Umgang miteinander respektvoll, anerkennend, wertschätzend, interessiert, fair und gewaltfrei.

Zur achtsamen Pflege einer Paarbeziehung gehören: die Entwicklung eines Bewusstseins für sich selbst, das die eigenen Bedürfnisse und Interessen berücksichtigt; die Entwicklung eines Bewusstseins für den jeweils anderen, das dessen Bedürfnisse und Interessen anerkennt, wertschätzt und respektiert, sowie die Entwicklung eines Bewusstseins für das gemeinsame WIR, das die Bedürfnisse und Interessen beider miteinander vereint. Dies ermöglicht, dass sich überhaupt jeder vom jeweils anderen geliebt fühlen kann, und dass das Zusammensein die Bezeichnung „Paarbeziehung" verdient.

Möglichst gleiche oder zumindest ähnliche Interessen und Lebensziele erleichtern es den beiden Beziehungspartnern natürlich, diese solide Grundlage herstellen und aufrechterhalten zu können. Zwingend notwendig sind sie jedoch nicht – zumindest nicht in jedem Fall. Nur wenn wirklich unüberwindbare Unterschiede vorliegen, kann das gemeinsame Glück nicht zufriedenstellend gepflegt und erhalten werden! Etwa wenn sich der eine Treue wünscht und der andere nicht! Beide Wünsche sind legitim und zu respektieren! Unter einen Hut kann man sie jedoch nicht kriegen! Da hilft nur eine gütliche Trennung. Jeder Streit darum wäre sinnlos und ein Zeichen dafür, dem Bedürfnis des jeweils anderen nicht mit genügend Respekt zu begegnen! In diesem Buch geht es jedoch nicht um Beziehungen, in denen sich einer Treue wünscht und der andere nicht, sondern um Paare, wo Treue für beide ein erstrebenswertes Ideal darstellt. Nur kam es aus irgendwelchen Gründen dazu, dass dieser Wunsch ins Wanken geriet oder dass es, aus welchen Gründen auch immer, nicht gelang, sich an den Wunsch bzw. den gemeinsamen Treueschwur zu halten. Wenn klar ist, dass sich einer Treue wünscht und der andere nicht oder nicht mehr, ist die einzige respektvolle Lösung die, die unterschiedlichen Vorstellungen wechselseitig zu respektieren und sich zu trennen. Weder jenem, der sich Treue wünscht, ist es zuzumuten, sich auf einen Partner einzustellen, der sich nach erotischen Abenteuern sehnt, noch ist es jenem, der sich erotische Abenteuer wünscht, zuzumuten, sich auf einen Partner einzustellen, der sich Treue wünscht. Beide können in solch einer Beziehung nur unglücklich werden. Jeder von beiden würde dabei für die Unzufriedenheit und das Unglück des jeweils anderen sorgen. Aber keiner von beiden wäre an dem Unterschied mehr oder weniger beteiligt, als der andere. Es gäbe nicht einen Guten und einen Bösen. Es gäbe auch keinen, der mehr Recht hat auf die eigenen Bedürfnisse, als der andere. Es gäbe einfach nur zwei Menschen, die so unterschiedlich sind, dass sie einfach nicht oder nicht mehr zusammenpassen. Aus diesem Grunde möchte ich hier noch einmal kurz wiederholen: In diesem Buch geht es um Beziehungen, die unter einem Seitensprung bzw. einer Affäre leiden. Um Menschen, die sich aktuell vielleicht in einem Zustand der Verwirrung befinden, aber für die Treue normalerweise doch ein hohes Ideal darstellt.

Von Offenheit und Ehrlichkeit

Richtig verstandene Offenheit und Ehrlichkeit sind zwei der wichtigsten Basiszutaten für eine dauerhafte und glückliche Paarbeziehung. Leider erlebe ich es bei meiner Arbeit als Paarberater sehr häufig, dass es in vielen Beziehungen genau an diesen grundlegenden Bausteinen mangelt. Jeder wünscht sich zwar vom anderen Offenheit und Ehrlichkeit, jedoch ist die Vorstellung davon, was Offenheit und Ehrlichkeit wirklich bedeuten, sehr von überhöhten, unrealistischen, unerfüllbaren Erwartungen und Idealen geprägt. Viele meinen, der Partner ist dann offen und ehrlich, wenn er die Vorstellung, die man von ihm hat, niemals enttäuscht. Wenn er niemals etwas tut oder tun könnte, das einem missfällt oder gar wehtut. Offenheit und Ehrlichkeit werden dabei mit Anstand gleichgesetzt. Solange der andere so „anständig" ist, dass er mit seiner Offenheit und Ehrlichkeit noch den eigenen Erwartungen genügt, erfüllt er diese Hollywood-Ideale. Teilt er jedoch in aller Offenheit und Ehrlichkeit etwas von sich mit, was nicht den eigenen Erwartungen entspricht, wird dies in der Regel nicht als offen und ehrlich ausgesprochene Wahrheit anerkannt bzw. wertgeschätzt. Man meint dann viel mehr, das Verhalten des anderen sei falsch bzw. unanständig. Wir alle sind aber immer dann offen und ehrlich, wenn wir das, was wir an Gedanken und Gefühlen in uns finden, aussprechen. Egal, ob das für den anderen erfreulich oder unerfreulich scheint. Was wir in uns finden, können wir uns alle nicht aussuchen. Aufgrund unserer natürlichen Anlagen und unserer biografischen Lernerfahrungen, die uns im Laufe unseres Lebens prägten, sind wir heute der Mensch, der wir heute sind. Wir alle finden in uns das, was in uns vorhanden ist – von Natur aus und aufgrund dessen, was wir erfahren und erlernt haben. Wir alle haben eigene natürliche Anlagen und unterschiedliche Lernerfahrungen gemacht. Wir alle sehen die Welt dadurch durch unsere eigene Brille. Keiner von uns hat genau dieselben Persönlichkeitsmerkmale und Charaktereigenschaften entwickelt, die gleichen Stärken und Schwächen ausgebildet oder Vorstellungen, Überzeugungen, Werte und Weltsichten angenommen. Wir alle finden darum auch unterschiedliche Gedanken- und Gefühlswelten in uns. Das, was wir in uns finden, gehört zu uns. Wir halten es für gut, richtig, wahr und berechtigt! Wenn wir offen und ehrlich aussprechen, was in uns ist, teilen wir dem oder den anderen mit, wer wir sind. Wir sprechen die Wahrheit, die untrennbar zu uns gehört, offen und ehrlich aus.

Leider wird in vielen Beziehungen diese offen und ehrlich ausgesprochene Wahrheit, wenn sie unerfreulich ist, vom anderen weder respektiert, noch als zum Partner gehörend anerkannt.

Irrtümlicherweise wird der Partner dann für die offen und ehrlich ausgesprochene Wahrheit beschimpft, bestraft oder schuldig gesprochen. Ja, paradoxerweise wird ihm seine Ehrlichkeit dann sogar als boshafte, vertrauensunwürdige Unehrlichkeit bzw. Unehrenhaftigkeit ausgelegt. „Wie kannst du nur so etwas machen?" „Wie kannst du nur so denken?" „Wie kannst du nur so fühlen?" „Wie kannst du nur so sein?" „Das hätte ich nie von dir gedacht!" „Da bin ich aber enttäuscht von dir?" „So gefällst du mir nicht!" „Sei bitte nicht so wie du bist, sondern so, wie ich dich haben will!" „So wie ich dich haben will, ist es schließlich gut und richtig!" „So wie du denkst und fühlst, gehört es sich nicht!" „So wie du denkst und fühlst, ist es falsch!" „Wenn du so bist, wie du bist, dann tust du mir weh!" „Vermutlich liebst du mich gar nicht!"

Wenn in einer Beziehung solch eine verzerrte Vorstellung von Offenheit und Ehrlichkeit existiert, ist es unvermeidbar, dass menschliche Bedürfnisse auf der Strecke bleiben und es dadurch irgendwann zu Beziehungsproblemen kommen muss. Denn keiner der beiden findet in der Beziehung die Freiheit, der Mensch sein zu können und zu dürfen, der er ist. Jeder beginnt genau abzuwägen, was er dem anderen mitteilen kann und was nicht. Das, was potenziell zu Anschuldigungen oder Verurteilungen führen könnte, behält man dann lieber für sich.

Dort wo menschliche Bedürfnisse wie beispielsweise die Bedürfnisse nach Anerkennung und Verständnis unerfüllt bleiben und es dadurch zu Beziehungsproblemen kommt, leidet das emotionale Band, das beide Beziehungspartner miteinander verbindet. Geliebt fühlen wir uns nicht, wenn wir kritisiert und bevormundet werden, oder wenn man uns sagt, das, was wir denken, fühlen und tun, sei falsch, und wir müssten uns ändern. Geliebt fühlen wir uns nur, wenn wir so, wie wir sind, geachtet, respektiert, wertgeschätzt und anerkannt werden – ja wenn man zu uns sagt, so wie du bist, bist du in Ordnung. So wie du bist, so darfst du sein. Manches an dir gefällt mir vielleicht nicht, aber weil ich dich liebe, ist es mir wichtig, dich so, wie du bist, zu respektieren und anzuerkennen. Schließlich möchte ich, dass du glücklich bist!

Begegnet uns unser Partner stattdessen mit einem Mangel an Interesse, Respekt und Wertschätzung, bleiben unsere grundlegenden menschlichen Bedürfnisse nach Anerkennung, Bestätigung und anderer liebevoller Zuwendung unerfüllt. Das Gefühl geliebt zu werden, verflüchtigt sich dann mehr und mehr.

Unerfüllte Bedürfnisse bescheren uns von Natur aus unangenehme Gefühle. Unerfüllte Bedürfnisse verlangen deshalb auch von Natur aus nach Erfüllung. Dagegen können wir gar nichts tun.

Erfüllte Bedürfnisse bescheren uns angenehme Gefühle. Leben wir in einer Beziehung, in der manche Bedürfnisse nicht erfüllt werden, hören diese unerfüllten Bedürfnisse aber noch lange nicht damit auf, nach Erfüllung zu streben. Nein, sie hören nie damit auf. Es ist ihre Natur, Erfüllung zu suchen. Unsere menschlichen Bedürfnisse zu erfüllen, ist unsere Bestimmung. Unsere menschlichen Bedürfnisse zu erfüllen, macht uns zum Menschen. Zu dem Menschen, der wir sind und sein wollen. Steht uns in unserer Beziehung nicht das zur Verfügung, was wir für die Erfüllung unserer Bedürfnisse benötigen, werden unsere Bedürfnisse ihre Erfüllung außerhalb der Beziehung suchen. Wir können nichts dagegen tun. Es ist die Natur unserer Bedürfnisse. Die Natur ist mächtiger als wir selbst!

Bitte verstehen Sie das nicht falsch. Der Satz: „wir können nichts dagegen tun", soll hier nicht so klingen, als gingen wir fremd, weil wir gar nichts anderes tun können als fremdzugehen, wenn unsere Bedürfnisse entsprechend nach Erfüllung verlangen. Das ist hier wirklich nicht gemeint. Gemeint ist hier nur, dass wir nichts dagegen tun können, dass menschliche Bedürfnisse nach Erfüllung streben. Für die Erfüllung unserer Bedürfnisse brauchen wir respektvolle und angemessene Erfüllungsstrategien. So ist Fremdgehen zwar in der Tat eine Strategie zur Erfüllung diverser unerfüllter Bedürfnisse. Respektvoll und angemessen ist diese Erfüllungsstrategie jedoch nicht. Zumindest nicht für eine monogam angelegte Beziehung.

Viele unserer menschlichen Bedürfnisse interessieren sich nicht für die Anforderungen, Erwartungen und Bedingungen, die wir selbst oder andere an uns stellen! Nur wenn wir erkennen und respektieren, dass jeder sich wünscht, der Mensch sein zu dürfen, der er ist; wenn wir erkennen und respektieren, dass wir nicht das Recht haben, einen anderen Menschen nach unseren eigenen Vorstellungen zu verändern; wenn wir erkennen und respektieren, dass kein Mensch perfekt oder fehlerfrei sein kann; wenn wir erkennen und respektieren, dass wir einen anderen Menschen nur dadurch glücklich machen können, indem wir ihm den Raum zur Verfügung stellen, den er für seine Entwicklung und Entfaltung braucht; wenn wir erkennen und respektieren, dass richtig verstandene Offenheit und Ehrlichkeit niemals zu Bestrafung, Beschimpfung und Anschuldigung führen dürfen, auch dann nicht, wenn man mal einen Fehler macht oder anders denkt, fühlt und handelt als der Partner, dann haben wir eine Basis, auf der wahres Vertrauen und wirkliche Liebe wachsen können und es keinen Nährboden für Beziehungsprobleme gibt. Auch heimliches Fremdgehen hat häufig etwas mit einem Mangel an richtig verstandener Offenheit und Ehrlichkeit zu tun. Und natürlich immer auch mit einer Vielzahl anderer unerfüllter Bedürfnisse.

Von Vertrauen

Wir alle wünschen uns, Menschen zu kennen, denen wir vertrauen können. Insbesondere unserem Beziehungspartner. Doch bieten wir uns gegenseitig eigentlich eine solide Grundlage auf der es uns überhaupt erst möglich wird, uns so weit zu vertrauen, dass wir stets die Bereitschaft in uns finden, immer offen und ehrlich zu sein? Erlauben wir unserem Partner, egal was es auch ist, sich stets vertrauensvoll an uns zu wenden? Sind wir bereit, alles was er sagt, denkt, fühlt und tut vorbehaltlos als zu ihm gehörend anzuerkennen und als gegeben zu respektieren? Oder muss er befürchten, dass wir ihn für das, was er ist und er uns anvertraut, anschließend bestrafen, beschuldigen und rügen werden? Was ist, wenn uns der Partner anvertraut, dass er gewisse Dinge in der Beziehung vermisst? Was sagen wir zu ihm, wenn er uns mitteilt, dass er beispielsweise sexuell oder aus einem anderen Grund nicht glücklich ist? Sind wir offen für seine Bedürfnisse und Gefühle? Erkennen wir diese überhaupt als gegeben, menschlich, berechtigt und zu ihm gehörend an? Respektieren wir seine Realität?

Respektieren wir überhaupt, dass REALITÄT etwas ist, das so ist wie es ist, und dass REALITÄT auch dann noch so ist wie sie ist, wenn wir sie nicht wahrhaben wollen oder ignorieren? Verstehen wir, dass unser Partner sich seine Bedürfnisse, Interessen und Gefühle nicht aussuchen kann, sondern nur in sich hineinspüren und feststellen kann, welche da sind? Oder stülpen wir ihm unseren eigenen Maßstab über und bestrafen ihn mit Ignoranz, Bevormundung, Anschuldigung oder Unverständnis dafür, dass er nicht so ist, wie wir ihn gerne hätten? Auch hier erlebe ich es in der Paarberatung, dass es eine solide, reflektierte, erwachsene Basis, auf der wahres Vertrauen wachsen und gedeihen kann, häufig nicht gibt. Viele Menschen wissen gar nicht, was es heißt, einander vertrauen zu können.

Wenn mir meine Klienten sagen, sie möchten ihrem Partner vertrauen können, meinen sie in Wirklichkeit oft, sie möchten darauf vertrauen, dass der Partner sie niemals enttäuscht. Sprich, der Partner soll bitte so sein, wie man sich ihn wünscht. Er soll den eigenen Vorstellungen und Erwartungen genügen. Wenn der Partner nicht so ist, wie er aus der eigenen Perspektive betrachtet zu sein hat, fängt man an zu merken, dass man nicht mehr darauf vertrauen kann, dass der Partner der Partner ist, den man eigentlich in ihm gesehen hat und den man sich vorgestellt hatte. Dass für diesen Vertrauensverlust aber nicht der Partner verantwortlich ist, sondern man selbst, wird in der Regel gar nicht erkannt (dazu später mehr unter der Überschrift „Von Enttäuschungen", Seite 26).

Wir alle haben unsere Stärken und Schwächen. Niemand von uns kann immer alles richtig machen. Manchmal ist das Wirrwarr der Gedanken und Gefühle so groß, dass wir Dinge tun oder Worte aussprechen, die wir im Nachhinein bereuen oder zumindest als falsch erkennen. Das, was wir von Natur aus bedürfen und wonach wir uns sehnen, ist nicht immer das, wozu wir uns aufgrund gesellschaftlicher Normen und kultureller Anforderungen aufgefordert fühlen. Manchmal ist ein natürliches Bedürfnis stärker als das Bedürfnis, sich gesellschaftlich stets korrekt zu verhalten. Wir wissen beispielsweise, dass es falsch ist, fremdzugehen, wenn wir unserem Partner oder unserer Partnerin Treue versprochen haben. Es ist uns klar, dass das gesellschaftlich und moralisch nicht okay ist. Trotzdem passiert es jeden Tag hunderttausendfach. Und zwar nicht, weil es so viele charakterlose, schlechte, rücksichtslose Partnerinnen und Partner gibt, sondern weil es so viele ganz normale Menschen gibt, die im Wirrwarr ihrer Bedürfnisse, Gefühle Gedanken und Befindlichkeiten nicht immer in der Lage sind, gute, angemessene Erfüllungsstrategien für das Erlangen von Glück und Zufriedenheit zu finden.

Wir sind Menschen. Wir sind nicht zu trennen von unseren natürlichen menschlichen Bedürfnissen. Wir können nicht anders, als zu versuchen, unsere natürlichen Bedürfnisse zu erfüllen. Es ist wichtig, für die Erfüllung unserer menschlichen Bedürfnisse zu sorgen. Wir brauchen allerdings Erfüllungsstrategien, die sich nicht im Nachhinein als unangemessen und destruktiv erweisen und sich negativ auf unser Leben auswirken. Es ist aber nicht leicht, für all unsere Bedürfnisse stets angemessene und rücksichtsvolle Erfüllungsstrategien zu finden. Viele Bedürfnisse, die wir in uns finden, sind wie bereits erwähnt gegensätzlich. Wodurch die Erfüllung noch schwieriger wird. So ist auch der durchaus große Wunsch nach enger Bindung und ewiger Treue häufig nur die eine Seite der Medaille. Es kann trotzdem Momente geben, wo andere natürliche Bedürfnisse sich bemerkbar machen, wie z.B. das dem Fortpflanzungstrieb zugrundeliegende Bedürfnis nach aufregendem, abenteuerlichem Sex mit einem Fremden oder alle Bedürfnisse, die mit Freiheit und Autonomie zusammenhängen. Ein Mangel an Wertschätzung, Anerkennung, Respekt, Interesse, Verständnis, Empathie etc. befeuert die Bedürfnisse, die dem Wunsch nach Treue gegenüberstehen! Ein Seitensprung ist häufig der verzweifelte Versuch, diese Mängel zu beseitigen. Man will sich mal wieder als Mann oder Frau gesehen, gehalten, begehrt, wichtig, attraktiv, interessant, lebendig, wertgeschätzt, verstanden, besonders oder was auch immer fühlen. Den Mangel beseitigen zu wollen, ist legitim, ja sogar lebensdienlich und wichtig für unser menschliches Wohlbefinden. Die Strategie, das mit einem Seitensprung erreichen zu wollen, ist jedoch destruktiv und tückisch sowie weder rücksichtsvoll, noch in irgendeiner Form einer monogamen Beziehung angemessen.

Nach meinem Empfinden kann man also durchaus behaupten, dass es falsch ist, in einer monogam angelegten Beziehung fremd zu gehen. Ja, es ist ein grober Verstoß gegen eine gemeinsam getroffene Abmachung! Da beißt die Maus einfach keinen Faden ab! Dennoch möchte ich noch einmal anmerken: Alles, was wir tun, basiert auf unseren menschlichen Bedürfnissen. Auf unseren menschlichen Bedürfnissen, die häufig auch gegensätzlicher Natur sein können. Wir tun nichts, aber auch rein gar nichts, was nicht auf menschlicher Bedürfniserfüllung beruht. Selbst wenn wir uns nur am Kopf kratzen, dient das der Erfüllung eines Bedürfnisses. Alles Denken, Fühlen und Handeln wurzelt in unseren natürlichen und erlernten Bedürfnissen, Interessen, Stärken und Schwächen! Zur Erfüllung unserer Bedürfnisse – oder besser gesagt, unseres Bedürfnischaos' brauchen wir stets konstruktive, angemessene, gute Erfüllungsstrategien. Diese stets und ausnahmslos parat zu haben, ist jedoch nicht immer möglich. Niemand kann immer alles so machen, wie es am idealsten, rücksichtsvollsten und besten für sich selbst, den Partner und alle anderen ist. Dazu stehen sich einfach zu viele Bedürfnisse und Anforderungen unvereinbar gegenüber. Die Bedürfnisfülle ist zudem einfach zu groß, um stets alle eigenen Bedürfnisse und jene des Partners im Blick haben zu können. Geschweige denn stets die zu ihnen passenden, respektvollen, angemessenen Erfüllungsstrategien parat zu haben.

Daher ist und bleibt ein Seitensprung zwar ein grober Fehler, aber Fehler zu machen ist menschlich. Keine Fehler zu machen, ist gar nicht möglich! Ein Seitensprung ist im Grunde nur der Versuch, unerfüllte, menschliche Bedürfnisse zu erfüllen. Dies mit einem Seitensprung erreichen zu wollen, ist – wie eben schon einmal angemerkt – nur die falsche Erfüllungsstrategie. Um eine besser geeignete Strategie für die Erfüllung der zugrunde liegenden unerfüllten Bedürfnisse finden zu können, braucht es eine Basis, auf der offen und ehrlich miteinander über alles gesprochen werden kann. Diese Basis gibt es aber in vielen Beziehungen nicht. Zumindest dann nicht, wenn es um unerfüllte Bedürfnisse geht, von denen der andere nichts wissen will oder die vom anderen einfach als falsch oder unberechtigt gewertet werden.

Vom Schutz einer Beziehung

Wer sich entscheidet, mit einem anderen Menschen eine monogame Paarbeziehung einzugehen, der sollte sich darüber bewusst sein, dass das Glück eines dauerhaften, glücklichen Zusammenlebens ein anderes ist, als das Glück aus der ersten glücklichen Verliebtheit. Bitte verstehen Sie das richtig! Eine langjährige, funktionierende, stabile, glückliche Liebesbeziehung ist etwas Wunderbares. Die euphorisierenden Hochgefühle aus der ersten Verliebtheitsphase, die insbesondere auch ein schier unstillbares sexuelles Verlangen in uns heraufbeschwören, werden sich allerdings verändern. Wenn die Beziehung gut läuft, wird aus dem wilden, hocherotischen, euphorisierenden Liebesrausch mit der Zeit eine tiefe, einander verbindende, erwachsene Liebe, die von Vertrauen, Respekt, Anerkennung, emotionaler Sicherheit etc. getragen wird. Auch die Sexualität nährt sich dann größtenteils von diesen sich wechselseitig bedingenden menschlichen Bedürfnissen. Solch eine erwachsengewordene Liebesbeziehung braucht bewusste Pflege. Sie muss es uns wert sein, sie gegen mögliche „Gefahren" von außen, die das Fortbestehen und die Treue gefährden könnten, zu schützen. Wer davon träumt, ein Leben lang hocheuphorisierende Erotik und wilde abenteuerliche Begierde zu erleben, sollte sich überlegen, wie sich ein Leben mit solchen Wünschen auf Dauer realisieren lässt. In einer monogamen Zweierbeziehung lassen sich diese vermutlich eher nicht in dieser Intensität verwirklichen. Heutzutage ist aber letztlich alles möglich. Solange alle mit offenen Karten spielen, hat jeder die Möglichkeit, das zu finden, wonach er sucht. Man kann sich beispielsweise für eine offene Beziehung oder andere Formen der Polygamie entscheiden. Wer hingegen von tiefer Verbundenheit und dauerhaftem Glück zu zweit träumt, sollte wirklich wissen, dass Treue bewusst zu kultivieren ist und das gemeinsame Glück gegen erotische und sonstige Versuchungen von außen geschützt werden muss. Doch eine Beziehung braucht nicht nur Schutz nach außen, sondern auch nach innen.

Der innere Schutz besteht aus der Pflege der Beziehung. Wenn beide den Wert, die Basis, den Rahmen, die Absprachen und Ziele ihrer Beziehung kennen und entsprechend bewusst miteinander umgehen, schützen sie damit das, was sie miteinander haben und aufrechterhalten wollen.

Der Schutz nach außen besteht hauptsächlich aus zwei Aspekten:

- Erster Aspekt: Beide Partner verhalten sich in der Gegenwart anderer so, dass Außenstehende erkennen können, dass beide ein Paar sind. Beispielsweise durch Gesten der Zuneigung, wie Händchenhalten, sich mal einen Kuss geben, sich mal verliebt anschauen oder mit anderen über das gemeinsame Glück sprechen etc. Dieses Verhalten signalisiert anderen, dass man ein Paar ist, welches das gemeinsame Glück genießt und wertschätzt sowie für andere tabu ist! Beide intensivieren mit diesem Verhalten auch für sich selbst spürbar das zwischen ihnen vorhandene emotionale Band.

- Zweiter Aspekt: Beiden Partnern ist bewusst, dass es auf dieser Welt andere Menschen gibt, die man – neben dem eigenen Partner – erotisch interessant finden kann. Nicht weil man ein charakterloser oder schlechter Partner ist, sondern weil alle Menschen sexuelle Wesen sind, die Augen im Kopf haben! Das ist ganz natürlich und nicht zu vermeiden. Beiden Partnern sollte also klar sein, dass die eigene Paarbeziehung gegen potenzielle „Gefahren" von außen bewusst geschützt werden muss. Das heißt, gegen ein bisschen Flirten oder Ähnliches ist vielleicht nichts einzuwenden, aber spätestens wenn man sich für einen Außenstehenden mehr interessiert, als es der Beziehung zuträglich ist, sollte man die Reißleine ziehen, sich zurückziehen und sich auf den Wert, den Rahmen und den Schutz der eigenen Beziehung besinnen. Solch ein Bewusstsein bzw. diesen bewussten Schutz braucht jede monogam angelegte Paarbeziehung!

Vom Rahmen einer Beziehung
Die persönliche Freiheit eines Singles ist eine andere, als die Freiheit von zwei Menschen, die sich als Paar begreifen und ihr gemeinsames Leben im Rahmen einer Beziehung gestalten wollen. Ein Paar, das nicht beziehungslos nebeneinanderher lebt, sondern sich wirklich als Paar versteht, weiß, dass es gewisse

Rahmenbedingungen gibt, die es zu wahren gilt. Solch ein Paar hat ein entsprechend gut entwickeltes WIR-Bewusstsein. Jeder weiß für sich selbst, wer er ist, was er will und was er braucht. Aber beide wissen auch, wer der jeweils andere ist, was dieser will und braucht. Die logische Schlussfolgerung daraus ist: Im Rahmen ihrer Beziehung sind beide daran interessiert, alle Bedürfnisse, Interessen, Wünsche etc. gleichberechtigt, respektvoll, wertschätzend und einander zugewandt unter einen Hut zu bringen. Um den Rahmen der gemeinsamen Beziehung wahren zu können, muss man diesen natürlich zunächst einmal kennen. Das heißt, ein Paar sollte gemeinsam klären, welche Aspekte es sind, die den Rahmen ihrer Beziehung bilden!

Also was meinen Sie? Was macht Ihre Beziehung besonders bedeutend? Worin sehen Sie den Wert Ihrer Beziehung? Was sind die Gründe, warum Sie sich für Ihre Beziehung entscheiden? Wissen Sie, was Sie aneinander haben? Welche Absprachen gibt es zwischen Ihnen beiden? Auf welcher Basis (Vertrauen, Treue, Respekt, Gleichberechtigung, Anerkennung, Ehrlichkeit etc.) möchten Sie Ihre Beziehung führen? Wissen Sie welchen Schutz Ihre Beziehung braucht? Erst wenn Sie den Rahmen kennen, können Sie Ihrer Beziehung die Aufmerksamkeit und Pflege geben, die Sie braucht. Erst dann haben Sie eine Grundlage, auf der Sie wissen, was Sie sich voneinander wünschen; wo Sie sich aufeinander verlassen dürfen und wodurch Sie wahres Vertrauen wachsen lassen können. Und durch welches Verhalten Sie Vertrauen beschädigen würden! Für Eifersucht, Kontrollverhalten und viele andere Probleme, die mit einem Mangel an Vertrauen zusammenhängen, gäbe es keinen Nährboden mehr. Für die meisten anderen Probleme und Missverständnisse, die mit einem Mangel an Respekt und Anerkennung etc. zu tun haben, ebenso wenig!

Von Enttäuschungen
Eine Enttäuschung beruht fast immer auf einer Selbsttäuschung! So oft höre ich in meiner Beratungspraxis Klienten klagen: „Mein Partner hat mich sehr enttäuscht" oder „ich bin in meinem Leben schon so oft von Menschen enttäuscht worden, dass ich

mittlerweile schon gar keinem mehr wirklich trauen kann". Doch zu 95 Prozent halte ich das für einen Irrtum. Wenn Menschen von Enttäuschung sprechen, bringen sie meiner Erfahrung nach sehr häufig etwas Grundlegendes durcheinander! In den allermeisten Fällen ist es nämlich gar nicht so, dass wir von unserem Partner oder anderen Menschen enttäuscht werden. Vielmehr handelt es sich dabei um Selbsttäuschungen. Wir merken es nur nicht, weil wir nicht wirklich darüber nachdenken. Denn: wir sind es doch, die eine bestimmte Vorstellung von jemandem haben oder gewisse Erwartungen an ihn stellten. Als sei es selbstverständlich, gehen wir dann davon aus, dass der andere diesen zu entsprechen hat. Wie kommt es nur, dass wir uns für unsere Vorstellungen und Erwartungen häufig nicht verantwortlich fühlen? Warum schieben wir die Verantwortung für diese dem Partner in die Schuhe, wenn er sich nicht so verhält, wie wir es uns vorgestellt haben?

Dazu noch einige Gedanken: Auch wenn wir in der ersten Phase der Verliebtheit denken, wir seien dem Menschen begegnet, der perfekt zu uns passt, so ist es trotzdem immer so, dass zwei Menschen unterschiedlich denken, fühlen und handeln. Dass wir von unseren Unterschieden in dieser Phase nichts wissen, ist uns jedoch nicht bewusst. Wir bemerken diese Wissenslücke nicht, weil wir sie unbewusst mit etwas auffüllen, das wir irrtümlich für Wissen halten. Und zwar füllen wir diese Lücke mit unseren Erwartungen und Wünschen, die wir an den geliebten Menschen haben. Wir stellen uns beispielsweise vor, dass er der perfekte Partner für uns ist. Jemand, der sehr gut zu uns passt; der alles genauso sieht und empfindet wie wir; der niemals etwas tun könnte, was uns wehtut; der nur uns liebt und daran interessiert ist, uns glücklich zu machen; ja der sich für unsere Zufriedenheit verantwortlich fühlt etc. Mit diesen unrealistischen Vorstellungen, Erwartungen und Überzeugungen lassen wir uns häufig auf eine Beziehung ein.

Aber: wenn unser Partner dann aufgrund seiner eigenen Bedürfnisse, Interessen, Wünsche, Ziele, Denk-, Gefühls- und Handlungskompetenzen nicht in der Lage oder auch nicht willens ist, unsere Erwartungen zu erfüllen, dann ist das doch sein gutes Recht. Er ist deswegen kein schlechter Mensch. Soll er sich denn für uns verbiegen oder gar aufgeben? Soll ER den Preis für

UNSERE Erwartungen zahlen? Ist das unsere Erwartungshaltung? Unsere Erwartungen passen halt einfach nicht immer zu seinen eigenen Bedürfnissen und Vorstellungen. Wenn wir ihn deswegen als schlechten Menschen abqualifizieren, müssten wir uns selbst ja auch eingestehen, ein schlechter Mensch zu sein, denn wir können genauso wenig immer nur so denken, fühlen und handeln, wie unser Partner sich das vorstellt!

Zum besseren Verständnis: WIR haben häufig UNSERE Vorstellungen und Erwartungen an andere, für die die anderen aber gar nichts können und deswegen auch nicht verantwortlich zu machen sind. Werden UNSERE Vorstellungen und Erwartungen nicht erfüllt, sollten WIR erkennen, dass WIR UNS in dem, was WIR UNS vorgestellt oder erwartet haben, getäuscht haben. WIR hatten angenommen, dass der Partner sich ganz nach UNSEREN Wünschen verhalten wird. Wenn er es dann aber nicht tut, haben WIR UNS geirrt (selbst getäuscht). WIR haben mit UNSERER Einschätzung falsch gelegen. UNSERE Selbst-Täuschung flog auf (sie wurde *„ent-täuscht"*). Die Erkenntnis, zu der wir kommen sollten, lautet demnach nicht wie oben geschildert: „Mein Partner hat mich sehr enttäuscht", sondern: „Mit den Vorstellungen, die ich von meinem Partner hatte und den Erwartungen, die ich an ihn stellte, habe ich mich getäuscht, ich hatte mich einfach nicht dafür interessiert, ob er meine Vorstellungen und Erwartungen überhaupt erfüllen kann und möchte. Ich hatte einfach vorausgesetzt, dass das, was ich mir vorstellte und ich erwartete, gut und richtig ist!" Auch die zweite oben geschilderte Erkenntnis lautet nicht: „ich bin in meinem Leben schon so oft von Menschen enttäuscht worden, dass ich mittlerweile schon gar keinem mehr wirklich trauen kann", sondern vielmehr: „ich habe mich in meinem Leben schon so oft getäuscht, wenn ich gewisse Vorstellungen und Erwartungen an andere hatte, dass ich mir mittlerweile schon gar nicht mehr selbst trauen kann, ob ich mit meinen Vorstellungen und Erwartungen andere überfrachte und überfordere".

Also, warum erkennen wir häufig nicht, dass wir für unsere Enttäuschung selbst verantwortlich sind? Warum sprechen wir den anderen dafür schuldig? Drei wichtige Faktoren können sein:

Erstens: Wir alle meinen doch, dass das, was wir denken und wie wir die Dinge sehen, richtig ist. Wir halten unsere Vorstellungen und Erwartungen folglich für berechtigt. Dass andere diese erfüllen sollen, erscheint uns als richtig, ehrenwert, gerecht, moralisch korrekt etc. Werden diese vom Partner dann aber nicht erfüllt, werten wir sein Verhalten irrtümlich als falsch, unehrenhaft, ungerecht, moralisch unkorrekt etc.

Zweitens: Menschen sind häufig keine Weltmeister darin, Fehler bei sich selbst zu suchen. Einem anderen die Verantwortung zuzuschieben, geschieht oft nahezu automatisch. Das liegt an unseren biografischen Lernerfahrungen.

Drittens: Wenn unsere Erwartungen nicht erfüllt werden, bescheren uns die damit verbundenen unerfüllten Bedürfnisse immer auch unangenehme Gefühle. Weil Gefühle viel schneller in unserem Bewusstsein ankommen, als wir uns überhaupt über sie Gedanken machen können, kommen wir häufig auch gar nicht auf die Idee, noch einmal über alles genau nachzudenken. Wir vertrauen unseren unangenehmen Gefühlen, die uns zu sagen scheinen: „Dass es mir jetzt so schlecht geht, kommt nur daher, weil du nicht gemacht hast, was ich wollte! Du bist schuld daran, dass es mir jetzt so schlecht geht!" Wer sein Gefühl hinterfragt, müsste in den meisten Fällen jedoch zu folgender Erkenntnis kommen: „Dass es mir jetzt so schlecht geht, kommt daher, weil du nicht gemacht hast, was ich wollte. Da du aber nicht verpflichtet bist, mir all meine Erwartungen zu erfüllen, trifft dich an meinem Ärger logischerweise auch keine Schuld! Ich selbst kann ja schließlich auch nicht all deine Erwartungen erfüllen! Selbst wenn ich wollte, ich könnte es nicht! Niemand kann alle Erwartungen eines anderen erfüllen! Die Verantwortung für meine eigenen Bedürfnisse und Vorstellungen liegt also bei mir selbst!"

Übrigens: Wer das wirklich versteht und so sehen kann, ärgert sich in der Regel schon gar nicht mehr so sehr, wenn seine Erwartungen nicht erfüllt werden. Ein weiterer positiver Nebeneffekt ist: Wer das wirklich versteht, wird zudem viel weniger Erwartungen an seinen Partner stellen. Was wiederum ein Zeichen für persönliche Reife,

Sozialkompetenz und Beziehungsfähigkeit darstellt! Was sich dann natürlich sehr positiv auf die Paarbeziehung auswirkt!

Wann kann man davon sprechen, dass man tatsächlich von einem anderen Menschen enttäuscht wurde? Wenn mich jemand ganz bewusst belügt bzw. mir etwas vortäuscht oder mir jemand etwas verspricht bzw. zusagt, und sich dann nicht daran hält, dann kann ich zu ihm sagen: „Ich habe auf das, was du zu mir sagtest, vertraut und jetzt hast du mich enttäuscht!" Aber Vorsicht! Jeder kann auch mal etwas vergessen oder sich nicht an etwas halten, das er zugesagt hatte. Insbesondere wenn nach der Zusage bereits viel Zeit vergangen ist. Menschen ändern sich im Laufe ihres Lebens. Es ist legitim, wenn man sich nach einer gewissen Zeit nicht mehr an etwas halten kann, was man einmal zugesagt hat, wenn sich die Umstände, Wünsche, Prioritäten und Lebensziele geändert haben! Deshalb lohnt es sich, über alles, was einem in der Partnerschaft wichtig ist, immer wieder mal neu zu kommunizieren und miteinander zu verhandeln!

Von Liebe, Sexualität und Partnerschaft

Liebe, Sexualität und Partnerschaft sind drei unterschiedliche, jeweils eigene Bedürfnisdimensionen. Liebe empfinden wir jenseits von Sexualität und Partnerschaft. Wir alle lieben viele andere Menschen, wie beispielsweise unsere Eltern, Geschwister, Freunde und andere uns Nahestehenden. Wir lieben unsere Haustiere, unsere Hobbies, unseren Beruf, unseren Garten etc. Liebe ist ein beflügelndes, beglückendes, intensives Gefühl der Zuneigung bzw. des Zugeneigtseins und der Verbindung mit jemandem oder mit etwas! Liebe existiert jenseits sexueller Anziehung, Erotik und Partnerschaft.

Sexuelle Lust wurzelt aus dem ursprünglichsten, natürlichsten Trieb heraus, den es überhaupt auf dieser Erde gibt – dem Fortpflanzungstrieb. Nicht nur uns Menschen, sondern auch jedem Tier und jeder Pflanze wohnt dieser Urtrieb inne. Über unsere Sexualität erfahren und begreifen wir uns als weiblich oder männlich, empfinden Lust in Form von Hingabe und Begehren.

Sexualität ist die treibende, allgegenwärtige Ur-Kraft, die jenseits von Liebe und Partnerschaft in allem Lebenden existiert.

Eine Partnerschaft ist der Wunsch und die Entscheidung, mit einer ausgewählten Partnerin bzw. einem ausgewählten Partner eine Lebens- und Zweckgemeinschaft einzugehen. Auch wenn Zweckgemeinschaft in diesem Zusammenhang unschön klingt, so erfüllt doch jede Partnerschaft – geschäftlich oder privat – ihre Zwecke. Partnerschaft existiert jenseits von Liebe und Sexualität.

Ganz besonders gut und beglückend fühlt es sich an, wenn wir einem Menschen begegnen, der die drei unterschiedlichen Bedürfnisdimensionen (Liebe, Sexualität und Partnerschaft) gleichzeitig in uns aktiviert bzw. erfüllt. Wenn das geschieht, fühlt sich das allein schon aufgrund unserer natürlichen menschlichen Bedürfnisse zauberhaft an. Und weil wir von unserem Umfeld von Kindesbeinen an erfahren und gelernt haben, dass das dabei auftretende positive Lebensgefühl etwas ganz besonders Beglückendes und Segenreiches ist, verstärken genau diese Lernerfahrungen das wunderbare Glücksgefühl noch um ein Vielfaches. Ganz nebenbei haben wir gelernt, dass man dieses wunderbare Gefühl Liebe nennt. Die drei Bedürfnisdimensionen zu unterscheiden und getrennt voneinander zu betrachten, darüber hat uns nie jemand wirklich aufgeklärt.

Wenn die drei Bedürfnisdimensionen Liebe, Sexualität und Partnerschaft gleichzeitig Erfüllung finden, nennen wir es also Liebe, auch wenn es in Wahrheit drei verschiedene Dimensionen sind. Die Liebe zu den Eltern, Geschwistern, Freunden etc. halten wir für etwas ganz anderes. Dabei ist Liebe immer dasselbe. Wie wir die Liebe für andere oder für etwas empfinden, hängt davon ab, welche Bedürfnisdimensionen noch hinzukommen. Beispielsweise die Dimensionen Sexualität, Partnerschaft, Freundschaft, Sympathie, Fürsorge, Interesse, Talent, Stärke, Begeisterung und viele andere mehr, die mit dem Gefühl der Zuneigung für jemanden oder für etwas in Verbindung stehen.

Sind wir einem Menschen begegnet, bei dem die zwei Bedürfnisdimensionen Liebe und Sexualität gemeinsam auftreten, sprechen wir des Öfteren auch bereits von Liebe, allerdings verspüren wir hierbei nicht den Wunsch, uns auf Dauer mit diesem Menschen zu binden. Begegnen wir einem Menschen, bei dem die drei Bedürfnisdimensionen Liebe, Sexualität und Partnerschaft gemeinsam Erfüllung finden, nennen wir es die große Liebe und möchten uns fest an ihn binden. Wir wünschen uns, dieses große Glück festhalten zu können. Mit einem Treueschwur versuchen wir, dieses Glück, das durch das gleichzeitige Auftreten der drei unterschiedlichen Bedürfnisdimensionen (und nebenbei bemerkt durch eine erhöhte Ausschüttung körpereigener Biochemie) hervorgerufen wird, auf Dauer zu bewahren. Das macht aus unterschiedlichen Gründen natürlich durchaus Sinn. Beispielsweise ist für das Gründen einer stabilen Familie eine dauerhafte Bindung nicht nur wünschenswert, sondern auch maßgebend. Auch für die Gestaltung eines gemeinsamen Lebensweges zu zweit, das Errichten eines gemeinsamen Heims, das Erreichen gemeinsamer Lebensziele etc. ist es natürlich ebenso sinnvoll, sich die Absicherung einer möglichst dauerhaften Beziehung zu wünschen. Dennoch existieren die drei Bedürfnisdimensionen getrennt voneinander.

Was viele Paare in der blinden Phase der ersten Verliebtheit nicht wissen, ist, dass die verstärkte Ausschüttung der berauschenden und erotisierenden Körperchemie sich nach der Hochphase des Kennenlernens wieder normalisiert und das Gefühl der heißen, stürmischen Verliebtheit sich zwangsläufig in ein anderes Gefühl verwandeln muss. Wenn es gut läuft, wird aus der euphorischen Verliebtheit eine respektvolle, empathische, innige, tiefe, beglückende, erwachsene, einander verbindende Liebe. Wenn es nicht gut läuft, mündet die Verliebtheit nach und nach in Respektlosigkeiten, Desinteresse, Gleichgültigkeit, Zank, Streit, Frust und Trennung.

Die drei unterschiedlichen Bedürfnisdimensionen von Liebe, Sexualität und Partnerschaft finden nach dem Abklingen der berauschenden Körperchemie dann nur noch so lange gleichzeitig Erfüllung, wie es beiden Beteiligten gelingt, sich wechselseitig mit genügend Respekt, Wertschätzung, Gleichberechtigung, Interesse, Verständnis und Empathie zu begegnen. Jede Form von

Geringschätzung, Manipulation, Bevormundung, Anschuldigung, destruktiver Kritik, Kontrolle, Streitereien, Beschneidung der Autonomie etc. führt dazu, dass die Bedürfnisdimensionen abschwächen oder einzelne sich sogar ganz und gar auflösen. Je nachdem, ob es beiden Beziehungspartnern gelingt, gut miteinander umzugehen oder nicht, kann das mit der Zeit zu folgenden Konstellationen führen:

1. Eine Liebe, die noch sexuelle Lust und partnerschaftliche Zuneigung beinhaltet!

2. Eine Liebe, die noch sexuelle Lust, aber wenig oder keine partnerschaftliche Zuneigung mehr beinhaltet!

3. Eine Liebe, die noch partnerschaftliche Zuneigung, aber wenig oder keine Sexualität mehr beinhaltet!

4. Eine Liebe, die wenig oder keine sexuelle Lust, sowie wenig oder keine partnerschaftliche Zuneigung mehr beinhaltet!

5. Eine Partnerschaft, die noch Liebe und sexuelle Lust beinhaltet! (ist dasselbe wie unter 1.)

6. Eine Partnerschaft, in der noch Liebe, aber wenig oder keine Lust auf Sexualität mehr existiert! (ist dasselbe wie unter 3.)

7. Eine Partnerschaft, in der noch Lust auf Sexualität, aber wenig oder keine Liebe mehr existiert!

8. Eine Partnerschaft, in der wenig oder keine Liebe sowie wenig oder keine Lust auf Sexualität existiert!

9. Eine Sexualität, die noch Liebe und partnerschaftliche Zuneigung beinhaltet! (ist dasselbe wie unter 1.)

10. Eine Sexualität, die noch Liebe, aber wenig oder keine partnerschaftliche Zuneigung mehr beinhaltet! (ist dasselbe wie unter 2.)

11. Eine Sexualität, die noch partnerschaftliche Zuneigung, aber wenig oder keine Liebe beinhaltet! (ist dasselbe wie unter 7.)

12. Eine Sexualität, die wenig oder keine Liebe, sowie wenig oder keine partnerschaftliche Zuneigung mehr beinhaltet!

13. Oder keine der drei Bedürfnisdimensionen ist noch existent!

Für alle diese Konstellationen gibt es ursächliche Gründe. Meist haben diese etwas damit zu tun, wie beide Beteiligten miteinander umgehen, aufeinander eingehen, sich für einander interessieren, einander respektieren, wertschätzen etc. Wenn in einer Beziehung eine Konstellation vorherrscht, die nicht mehr glücklich macht, liegt meistens ein Mangel an grundlegenden, sich wechselseitig bedingenden, menschlichen Bedürfnissen vor. Diese wichtigen Bedürfnisse sind beispielsweise: Bedürfnisse nach Akzeptanz, Wertschätzung, Gemeinschaft, Nähe, Rücksichtnahme, Gleichberechtigung, Sicherheit, Empathie, Ehrlichkeit, Liebe, Geborgenheit, Respekt, Unterstützung, Vertrauen, Verständnis, Zugehörigkeit etc. Können wir uns diese für eine tiefe, verbindende Liebe wichtigen Bedürfnisse nicht gegenseitig erfüllen, schwächt das die drei Dimensionen Liebe, Sexualität und Partnerschaft, und die Gefühle von Nähe, Verbundenheit und Glück verändern sich! Ein Treueschwur kann daran auch nichts ändern, selbst dann nicht, wenn es gelingt, sich an ihn zu halten!

Wenn man es schafft, einander treu zu sein, heißt das noch lange nicht, dass es keinen Mangel an Akzeptanz, Respekt etc. gibt und dass man glücklich miteinander ist. Ein Seitensprung ist dann sogar häufig der Weckruf für eine Beziehung, in der manches nicht mehr ganz in Ordnung ist, sowie die letzte Chance, sich über den Mangel an wechselseitigen, wichtigen, beziehungsrelevanten Bedürfnissen bewusst zu werden. Ob eine Beziehung in Ordnung ist oder nicht, lässt sich nicht nur daran messen, ob man einander treu bleibt oder nicht. Untreue bringt häufig nur das Fass zum Überlaufen. Wenn man in einer monogam angelegten Beziehung miteinander lebt, ist es natürlich nicht in Ordnung, untreu zu sein. Untreue führt dann sehr häufig zu einer mentalen und seelischen Überforderung, die nicht selten in eine Trennung mündet. Viele andere Dinge, die in einer Beziehung schieflaufen und auch alles andere als in Ordnung sind, werden hingegen meistens viel bereitwilliger akzeptiert. In diesem Buch möchte ich auch die Hintergründe für diese paradoxe Tatsache einmal etwas genauer beleuchten. Dazu später mehr!

2.) ÜBER SEITENSPRÜNGE

Verschiedene Arten von Seitensprüngen
Es gibt viele Arten fremdzugehen. Es gibt langjährige Affären, die neben der Hauptbeziehung heimlich am Laufen gehalten werden. Es gibt Menschen, die es einfach brauchen, sich ab und zu heimlich neben der Hauptbeziehung auch wechselnde Sexkontakte zu suchen. Wie bereits gesagt, soll es um solche Fälle in diesem Buch nicht gehen. Mit Menschen, die das einfach brauchen, kann ein Partner, der sich Treue wünscht, keine zufriedenstellende Lösung finden. Vielmehr geht es hier um Ausrutscher, um sogenannte Seitensprünge, die passiert sind, obwohl man sich ansonsten eine treue Partnerschaft und dauerhafte monogame Zweisamkeit wünscht. Für eine Weile können die Gefühle des Seitenspringers vielleicht in Verwirrung geraten sein, sodass dieser eventuell sogar im Rausch des Geschehens nicht mehr weiß, wen oder was er wirklich will. Aber letztlich hat Treue auch für ihn einen hohen Stellenwert.

Aus meiner Erfahrung als Paarberater möchte ich postulieren, dass solche Seitensprünge aufgrund emotionaler Verwirrungen, mentaler Überforderungen, seelischer Defizite bzw. unerfüllter Bedürfnisse geschehen. Aber auch – wie weiter oben bereits geschildert – aufgrund der Unkenntnis darüber, welche Beachtung eine Beziehung überhaupt braucht, um die Gefühle der Liebe und des Vertrauens dauerhaft pflegen und erhalten zu können sowie aufgrund unbearbeiteter Beziehungsprobleme. Ich bin davon überzeugt, dass solche Ausrutscher zutiefst menschlich sind. Jeder und jede kann in Situationen geraten, wo so etwas passieren kann. Solange einen das Feuer einer aufregenden, heimlichen Liebe nicht erwischt hat, können sich viele häufig nicht vorstellen, dass ihnen das passieren kann. Und wenn es einen dann doch erwischt, mag man sich häufig eine Zeit lang nicht einmal mehr vorstellen, sich dem frisch entfachten Feuer wieder zu entziehen. Ich höre das in meiner Beratungspraxis immer wieder. „Herr Hillmann, Sie müssen wissen, ich habe meinem Partner/meiner Partnerin von Anfang an gesagt, dass sofort Schluss wäre, wenn er/sie einmal fremdgehen sollte. Für mich ist das das Verabscheuungswürdigste, was ich mir überhaupt vorstellen kann. Es ist unverzeihlich. Ein fieser Vertrauensbruch. Und wissen Sie was, Herr Hillmann, nun bin ich es selbst gewesen, der/die fremdgegangen ist. Mir ist das passiert. Und ich habe mich nicht nur einmal mit der/dem anderen getroffen. Ich war wie von Sinnen. Es war, als wäre ich noch einmal sechzehn Jahre alt und völlig dumm und naiv gewesen. Was bin ich nur für ein Mensch? Wie konnte ich das nur tun? Das hätte ich nie für möglich gehalten!"

Ich antworte dann gerne in etwa wie folgt: „Sie fragen mich, was für ein Mensch Sie sind? Nun, Sie sind ein ganz normaler Mensch und Sie sind noch genau der Mensch, der Sie vor dem Seitensprung auch waren. Alle Eigenschaften, Stärken und Schwächen, die Sie vor dem Seitensprung hatten, haben Sie jetzt auch noch. Sie sind kein anderer Mensch geworden. Sie haben nur etwas getan, was Sie zuvor noch nie getan hatten und von dem Sie sogar glaubten, Sie könnten es niemals tun. Sie fragen mich, wie Sie das tun konnten? Nun, Sie konnten das tun, weil Sie, genauso wie alle anderen Menschen auch, in Situationen geraten können, in denen Sie nicht mehr in der Lage sind, im Chaos Ihrer Bedürfnisse sowie im Wirrwarr all Ihrer mentalen und emotionalen Befindlichkeiten den Durchblick zu behalten. Niemandem ist es möglich, immer und ausnahmslos das zu tun, was am richtigsten, gerechtesten, anständigsten, rücksichtsvollsten etc. für sich selbst und andere ist. Und schon gar nicht, wenn unerfüllte Bedürfnisse existieren, die nach Erfüllung drängen. Und wenn die Ausschüttung körpereigener, beglückender, berauschender Körperchemie erst einmal eingesetzt hat und die Regie über das eigene Denken, Fühlen und Handeln beeinträchtigt ist, kann einem so etwas erst recht passieren. In einer monogam angelegten Beziehung ist das zwar ein grober Fehler und das reinste Desaster, aber Fehler passieren nun mal."

Ferner antworte ich: „Sie haben nun die Möglichkeit, etwas über sich selbst, Ihren Partner, über Menschen ganz allgemein sowie über Liebe, Sexualität und Partnerschaft zu lernen! Auch wissen Sie nun noch viel mehr als je zu vor, was Sie mit solch einem Verhalten aufs Spiel setzen und anrichten können. Nutzen Sie Ihre Chance!"

Häufig fällt es einem Seitenspringer gar nicht so schwer, sich für diese Chance bzw. diesen Lernprozess zu öffnen, zumindest dann nicht, wenn keine emotionale Bindung mehr zu einer dritten Person besteht und er sich wünscht, die Beziehung mit dem Lebenspartner fortzuführen. Leider ist die Schwierigkeit an der ganzen Angelegenheit die, dass es sehr oft alles andere als einfach ist, den verletzten Partner bzw. die verletzte Partnerin dazu zu bewegen, die ganze Angelegenheit als Chance oder Lernaufgabe zu betrachten. Letztlich ist die gemeinsame Zukunft jedoch häufig genau von der Bereitschaft des Hintergangenen abhängig, die Situation als Chance, Lernaufgabe und Gelegenheit zum Neuanfang zu betrachten. Wenn das nicht gelingt, ist vermutlich eine Trennung das Beste. Einfach tatenlos abzuwarten, bis Gras über die Sache gewachsen ist, oder zu hoffen, dass man schon irgendwann irgendwie damit klarkommen wird, führt in der Regel nur in eine gemeinsame Zukunft, die von Zweifeln, Kontrollzwängen und respektlosen Streitereien geprägt ist. Oder die Beziehung ist zumindest von unterschwelligem Misstrauen und einem vorwurfsvollen Umgangston geprägt. Das wäre dann ein idealer Nährboden für alle möglichen Beziehungsprobleme.

Für den Seitenspringer, aber insbesondere auch für den verletzten Partner bzw. die verletzte Partnerin halte ich es deshalb – bevor man überhaupt eine Entscheidung trifft – für außerordentlich wichtig und heilsam, sich der Realität zu stellen. Die Realität ist so wie sie ist. Im Vergleich zu dem, was man sich wünscht, erhofft und erträumt sowie zu dem, was man für gut und richtig befindet, erscheint die Realität manchmal falsch, hart und ungerecht. Doch ist sie das wirklich? Muss man alles genauso wahrnehmen und bewerten, wie man es bisher erfahren und gelernt hat? Muss man alles genauso sehen, wie man es jetzt und hier zu sehen gewohnt ist? Oder gibt es die Möglichkeit, manche erlernte und für richtig befundene Überzeugungen noch einmal zu hinterfragen, zu überdenken und vielleicht zu neuer Erkenntnis zu gelangen? Vielleicht weil man mit einer anderen inneren Haltung einfach besser und leichter durchs Leben gehen kann?

Weil ich es für so wichtig erachte, möchte ich mich kurz wiederholen und die soeben etwas weiter oben an den

Seitenspringer gerichtete Empfehlung hier noch einmal beiden Beziehungspartnern empfehlen: Sie beide haben nun die Möglichkeit, etwas über sich selbst, den jeweils anderen, über Menschen ganz allgemein sowie über Liebe, Sexualität und Partnerschaft zu lernen!

Lesen Sie einfach im Buch weiter. Versuchen Sie sich für das, was es hier zu lesen gibt, zu öffnen. Mit allem, was Sie nicht anders sehen und bewerten möchten, weil Sie Ihre eigene feste Meinung dazu haben, müssen Sie sich ja nicht weiter auseinandersetzen. Selbstverständlich dürfen und können Sie alles genauso sehen und bewerten, wie Sie es entscheiden und wie es Ihnen aufgrund Ihres natürlichen und erlernten Denkens, Fühlens und Handelns möglich ist. Ich möchte Ihnen nichts aufdrängen. Alles, was Sie hier in diesem Buch lesen können, soll Ihnen nur zur Anregung, Orientierung, Reflexion und Entscheidungshilfe dienen.

Vier mögliche Dimensionen eines Seitensprungs
Die Seitensprünge, um die es in diesem Buch geht, lassen sich in der Regel in eine der vier nachfolgend genannten Dimensionen einsortieren oder irgendwo dazwischen einordnen:

1. Ein Seitensprung bei dem es überwiegend um die Befriedigung sexueller Lust ging und/oder darum, sich einfach mal wieder als Mann oder Frau zu fühlen. Es geschah einmal oder eine gewisse Zeit lang. Es spielten dabei keine größeren Gefühle der Zuneigung eine Rolle. Es ging nicht um Liebe. Der Seitenspringer hat sich dabei nicht in eine dritte Person verliebt!

2. Ein Seitensprung bei dem es um das befriedigen von sexueller Lust ging und/oder darum, sich mal wieder gesehen, bestätigt, gehalten, begehrt, wichtig etc. zu fühlen. Es geschah einmal oder eine gewisse Zeit lang. Es spielten vielleicht sogar Gefühle der Zuneigung eine Rolle, aber es ging noch nicht um Liebe. Allenfalls war es eine Schwärmerei. Der Seitenspringer hat sich dabei nicht ernsthaft in eine dritte Person verliebt!

3. Ein Seitensprung bei dem es um mehr als nur die sexuelle Befriedigung ging. Der Partner hat sich dabei in einen Dritten

verliebt oder glaubt zumindest, sich dabei in einen Dritten verliebt zu haben. Der langjährige Beziehungspartner wird jedoch auch noch geliebt. In Sachen Liebe herrscht beim Seitenspringer ein Chaos der Gefühle!

4. Ein Seitensprung bei dem es um mehr als nur die sexuelle Befriedigung ging. Der Partner hat sich dabei in einen Dritten verliebt oder glaubt zumindest, sich dabei in einen Dritten verliebt zu haben. Der langjährige Beziehungspartner wird nicht mehr geliebt, oder es wird geglaubt, dass man den langjährigen Beziehungspartner nicht mehr liebt.

Anmerkung: Wenn Bedürfnisse sich erfüllen, fühlt sich das wunderbar an. Das ist die Natur von Bedürfnissen. Im Feuer einer heimlichen Liebe finden nicht nur sexuelle Bedürfnisse Erfüllung, sondern auch eine Vielzahl anderer, wie etwa die Bedürfnisse nach Gesehen-Werden, Beachtet-Werden und alle anderen, die in irgendeiner Form mit Anerkennung und Selbstwert zu tun haben. Das Bedürfnis nach Abenteuer findet auch ganz besonders in der Geheimhaltung des Seitensprunges Erfüllung. Alles im Geheimen zu praktizieren, schürt die Lust und intensiviert das Gefühl, die ganze Angelegenheit als besonders aufregenden, abenteuerlichen Nervenkitzel zu erleben. Zusätzlich führt die Ausschüttung körpereigener Hormone dazu, dass alles wie in einem Rausch erlebt wird. So ist es nicht selten so, dass der Seitenspringer oder die Seitenspringerin eine gewisse Zeit lang die heimliche Liebe als viel größer, beglückender und bedeutender erlebt, als die Liebe zum Partner bzw. zur Partnerin. Häufig ist es dann auch so, dass es sich so anfühlt, als liebe man den Partner bzw. die Partnerin gar nicht mehr. Nimmt dann die Ausschüttung der euphorisierenden Körperchemie wieder ab oder verliert die heimliche Liebe an Heimlichkeit, so kommt der Seitenspringer nach und nach wieder in einen Zustand, in dem er alles viel klarer, erwachsener und realistischer sehen und fühlen kann. Häufig beginnt der Rauschzustand in dem Moment nachzulassen, in dem der Seitensprung aufgedeckt wird. Wenn das geschieht, fehlt das den Rausch verstärkende Element der Heimlichkeit. Ob man die Liebe zum Dritten dann letztlich als größer und bedeutender erachtet als die Liebe zum Lebenspartner, oder wie sehr man den Partner wirklich noch liebt und was die Beziehung einem tatsächlich bedeutet, stellt sich erst dann heraus, wenn die Vernebelung des Verstandes überstanden bzw. ausgestanden ist. Auch wenn es für den Hintergangenen kaum zu ertragen ist, beide Beteiligten – also Seitenspringer und Hintergangener – sind gut beraten, wenn sie der ganzen Sache die Zeit geben, die sie braucht. (Siehe dazu auch „Seitenspringer und Hintergangener brauchen Zeit", Seite 85)

Situationen, die zu Fremdgehen führen können
Wenn es zu Untreue kommt, können in der Regel folgende Situationen zugrunde liegen:

- Die Beziehung ist total in Ordnung, aber es kommt dennoch zu einem Seitensprung – etwa aus einer Bierlaune heraus (ist seltener der Fall).

- Die Beziehung ist noch okay, aber es ist die Luft raus, es bietet sich eine Gelegenheit für einen Seitensprung (ist oft der Fall).

- Die Ehe ist eher unbefriedigend anstatt noch okay, es bietet sich eine Gelegenheit für einen Seitensprung oder man sucht sogar mehr oder weniger bewusst nach einer Gelegenheit (ist sehr oft der Fall).

- Allgemeine Unzufriedenheit. Auf der Suche nach irgendetwas („Midlife-Crisis" / „Das kann doch noch nicht alles gewesen sein" etc.), es bietet sich eine Gelegenheit für einen Seitensprung oder man sucht sogar mehr oder weniger bewusst nach einer Gelegenheit oder nach irgendetwas (ist sehr oft der Fall).

Wie schon an anderer Stelle im Buch beschrieben, hat Fremdgehen etwas mit unerfüllten menschlichen Bedürfnissen zu tun oder anders gesagt, mit der Erfüllung menschlicher Bedürfnisse. Je nachdem, in welchem Maße unsere menschlichen Bedürfnisse Erfüllung finden, können wir also mehr oder weniger zufrieden oder gar glücklich sein. In einer Beziehung spielen hier insbesondere die jeweils eigenen Bedürfnisse nach Entwicklung und Entfaltung eine Rolle, die uns Unbehagen bescheren, wenn sie vom Partner beschnitten werden und dadurch nicht genügend Erfüllung finden – beispielsweise durch Eifersucht, Kontrolle,

Bevormundung, Manipulation, Anschuldigung, Kritik, Geringschätzung, hohe Erwartungen etc. Und ebenso spielen die sich wechselseitig bedingenden Bedürfnisse nach Achtung, Respekt, Anerkennung, Wertschätzung, Gleichberechtigung, Verständnis, Empathie etc. dabei eine wesentliche Rolle. Existiert ein Mangel an Erfüllung dieser menschlichen Bedürfnisse, gehen die Gefühle von Nähe, Vertrautheit, Zweisamkeit, Bindung, Liebe, Zufriedenheit, Glück etc. immer mehr verloren.

Was kann bei einem Seitensprung erkannt werden
Fremdgehen kann als Signal dafür angesehen werden, dass in irgendeiner Hinsicht etwas nicht in Ordnung in der Beziehung ist. Es können kleinere Angelegenheiten sein, wie z.B. dass einfach die Luft ein wenig aus der Beziehung raus ist, man im Alltag nicht besonders achtsam und interessiert miteinander umgeht oder sich mindestens einer von beiden vom anderen ein wenig vernachlässigt fühlt. Es können aber auch mittlere, größere oder ganz große Beziehungsprobleme dahinterstecken. Nicht selten ist es so, dass Paare über ihre Probleme nicht sprechen und/oder ihnen gar nicht bekannt ist, dass sie überhaupt Probleme haben, bzw. dass in irgendeiner Form ein Mangel an erfüllten menschlichen Bedürfnissen vorliegt – zumindest bei einem von beiden. Insbesondere bei kleineren und mittleren Problemen kann das so sein.

Wenn es zu Fremdgehen kommt, führt das also nicht nur zu Problemen, sondern in den allermeisten Fällen haben auch vorher schon Probleme existiert. Irgendetwas ist in irgendeiner Form nicht in Ordnung gewesen. Es muss einen Mangel an erfüllten Bedürfnissen gegeben haben. Über die jeweils eigenen Gefühle, Gedanken, Stärken, Schwächen, Vorstellungen und Wünsche konnte häufig nicht offen und ehrlich gesprochen werden. Es lohnt sich dann, den Seitensprung als Signal zu begreifen. Als Hinweis darauf, dass die Beziehung neu reflektiert und gegebenenfalls neu entworfen werden muss. Bei der Reflexion kann herausgefunden werden, ob man die Beziehung weiterführen möchte und wenn ja, wie und was man aus dem Vorfall lernen kann, um die Beziehung künftig glücklicher zu gestalten und dauerhaft zu pflegen.

Es kann deutlich werden, was man alles aufs Spiel setzt: Der verletzte Partner und der Seitenspringer erfahren am eigenen Leib, welche weitreichenden Nebenwirkungen und Folgen solch ein Vorfall hat: Wie soll das verlorengegangene Vertrauen jemals wieder zurückgewonnen werden können? Oder falls man über eine Trennung nachdenkt: Was ist mit dem Sorgerecht für die Kinder? Wie soll das jetzt werden mit dem Kredit fürs gemeinsame Haus? Um nur zwei Beispiele zu nennen. Natürlich hätte man das auch vorher schon wissen können, und in der Regel war sich der Seitenspringer in dem Moment, als er sich auf einen Seitensprung einließ, durchaus bewusst, dass sein Handeln nicht okay war, aber unerfüllte menschliche Bedürfnisse (hier sind nicht oder nicht nur unerfüllte sexuelle Bedürfnisse gemeint) finden Mittel und Wege, sich Erfüllung zu verschaffen. Sie können so auf unser Denken und Fühlen einwirken, dass wir in der Lage sind, für all unser Handeln gute Gründe und Rechtfertigungen zu finden. So kann es gut sein, dass man sich zwar bewusst ist, dass es einerseits falsch ist, fremdzugehen, aber andererseits denkt man auch, es wird schon nicht so schlimm sein. Wenn es nur um Sex geht oder um die Erfüllung anderer Bedürfnisse, aber nicht um Liebe, denken viele häufig auch, es habe ja im Grunde nichts zu bedeuten. Die Psyche schafft es dann, den Vorfall für das eigene Empfinden zu bagatellisieren. Man denkt dann, es sei doch nicht so schlimm. Wenn der Partner davon nichts erfährt, sei doch alles gut. Niemand habe davon einen Schaden. Ein fataler Irrtum!

Es kann deutlich werden, dass es die Sache nicht wert ist: Genau wie bei dem vorangegangen Punkt, der sich damit beschäftigte, was durch Fremdgehen alles aufs Spiel gesetzt wird, so ist dieser Punkt die Schlussfolgerung daraus. Man kann sich darüber bewusst werden, dass man durch Fremdgehen sehr viel zerstören kann und dass das die ganze Sache nicht wert ist. Ein oder ein paar Male Spaß mit einem oder einer anderen im Bett und dafür Wochen, Monate oder gar Jahre lang furchtbare Schmerzen und Auseinandersetzungen mit dem Partner oder der Partnerin. Vielleicht sogar die endgültige Trennung. Die bei dem Seitensprung erfüllten Bedürfnisse und die aufgetankte Lebensfreude nehmen beim Aufdecken des Seitensprungs in der Regel ganz schnell um ein Vielfaches wieder ab und sind dann unerfüllter als je zuvor. Im Nachhinein wird vielen häufig klar, dass es das nicht wert war.

Es kann deutlich werden, dass man die Beziehung nicht mehr möchte: Durch einen Seitensprung kann dem Seitenspringer auch klar werden, dass es für die gemeinsame Beziehung mit dem Partner einfach keine Grundlage mehr gibt. Das war schon vor dem Seitensprung so, aber nun ist es auf einmal ganz klar geworden. Vorher fühlte er sich zwar auch schon nicht mehr glücklich, aber er dachte, es sei im Grunde normal, dass es so ist, wie es ist. Erst durch den Seitensprung ist ihm klar geworden, wie wichtig die Bedürfnisse nach Sexualität, Nähe, Verbundenheit, Harmonie, Anerkennung etc. sind.

Aber Achtung! Es kann auch sein, dass man nur glaubt, dass man die Beziehung nun nicht mehr möchte. Vielen Seitenspringern ergeht es zu Beginn so, dass sie von ihrer Affäre so beeindruckt und von ihren Glücksgefühlen so überrollt werden, dass sie selbst wenn die eigene Beziehung zum Lebenspartner oder zur Lebenspartnerin im Grunde noch eine gute Basis hat, dazu neigen, dem neuen Glück mehr Bedeutung beizumessen als dem alten. Die langjährig geführte Beziehung erscheint neben dem neuen Glück verblasst und weniger wichtig. Das kann sich aber nach einer gewissen Zeit wieder ändern. Es dauert häufig nicht lange, bis man sich auf das, was man mit dem Partner bisher erreicht und sich aufgebaut hat, wieder zurückbesinnt. Die Beziehung zum Lebenspartner erscheint dann auf einmal doch wieder wertvoll und wichtig.

Es ist daher gut, wenn man sich darüber klar ist, dass es bei der Aufdeckung eines Seitensprungs auf beiden Seiten bzw. sogar bei allen drei Beteiligten eine Hochphase des Schmerzes und der Verwirrung der Gefühle gibt. In dieser Hochphase ist keiner der Beteiligten dazu in der Lage, Entscheidungen zu treffen, die sachlich, wohlüberlegt, zielführend, gerecht, fair, respektvoll etc. sein können. Ich halte es daher für wichtig – auch wenn es natürlich allen Beteiligten schwerfällt – die Realitäten zunächst einmal zu akzeptieren, sich Zeit zu geben und keine vorschnellen Entscheidungen zu treffen und auch vom anderen keine zu verlangen. Jeder braucht jetzt Zeit, damit sich die Verwirrungen lösen, die Gefühle und Gedanken beruhigen und sortieren können.

Es kann eine Chance sein, die Beziehung neu zu beleben: Wenn Fremdgehen als Warnsignal dafür betrachtet wird, dass es in der Beziehung in irgendeiner Form Probleme gibt, die man gemeinsam lösen sollte, dann kann der Vorfall die Chance auf eine Wiederbelebung der Beziehung sein. Eine wichtige Erneuerung, ohne die es mit der Beziehung vermutlich mit der Zeit immer mehr bergab gegangen wäre. Ja eine Erneuerung, die man ohne solch einen unerfreulichen Zwischenfall nicht in die Wege leiten würde.

Es kann gelernt werden, dass es nicht nur um Reue, Wiedergutmachung und Verzeihen gehen kann: Es ist wirklich keine leichte Übung, einem Seitenspringer seinen Seitensprung zu verzeihen. Erschwert wird die ganze Angelegenheit noch dadurch, dass es dabei nicht nur um Reue und Wiedergutmachung geht. Aufrichtig zu bereuen, was man getan hat und das auch glaubhaft zum Ausdruck zu bringen sowie sich um Wiedergutmachung zu bemühen und das auch ausreichend zu tun, damit Verzeihen überhaupt möglich wird, ist allein schon schwer genug. Doch mit Reue, Wiedergutmachung und Verzeihen ist noch nicht einmal alles erreicht. Das einzige, das man damit bestenfalls erreichen kann, ist, dass die Beziehung wieder genauso ist, wie sie vorher war. Diese Situation, die man vorher miteinander hatte, war jedoch genau die Situation, die dazu führte, dass es zu einem Seitensprung kam. Daher ist mit Reue, Wiedergutmachung und Verzeihen nur ein Teil des Weges in Richtung neues Beziehungsglück beschritten worden. Es sollte auch noch die Klärung und Aufarbeitung der zugrundeliegenden Probleme erfolgen. Die Beziehung muss von der Basis an erneuert werden. Dem wie auch immer gearteten Mangel an Respekt, Wertschätzung, Interesse, Gleichberechtigung, Empathie, Verständnis etc. muss entgegengewirkt werden.

Man kann es künftig besser machen bzw. am Ende eine deutlich reflektiertere, glücklichere Beziehung als vorher haben: Wenn man den Seitensprung als Signal erkennen kann, dafür, dass es in irgendeiner Form Defizite bzw. unerfüllte Bedürfnisse in der gemeinsamen Beziehung geben muss, und es beiden gelingt, sich sachlich für die Hintergründe zu interessieren, dann kann man daraus lernen und es künftig besser machen. Letztlich ist die große Chance, die solch eine bewusste, einander zugewandte Auseinandersetzung mit den Problemen hat, die, dass man sich selbst, den anderen und die Beziehung besser kennenlernt und man sich näher kommen kann als je zu vor.

Vom Schmerz, den ein Seitensprung verursacht

Jeder, der schon einmal damit konfrontiert wurde, dass der Partner oder die Partnerin fremdging, weiß, wie schrecklich sich das anfühlt. Zumindest für Paare, für die Treue einen hohen oder sehr hohen Stellenwert hat, ist es, als würde einem der Boden unter den Füßen weggezogen. Warum ist das so? Warum ist es für viele Menschen so entsetzlich und unerträglich, wenn der Partner einmal außerhalb der Beziehung Sex mit jemandem hat? Bei allen anderen Dingen, die in einer Beziehung passieren können, sind wir doch in der Regel nicht so sehr erschüttert. Viele von uns können jahrelang damit klarkommen, dass der Partner sie in ihrer Freiheit und Autonomie beschneidet. Viele von uns können damit leben, wenn sie der Partner anschreit, einengt, bevormundet, das Leben sonst wie schwermacht und vieles mehr. All das sind viele Menschen bereit hinzunehmen. Ich erlebe das in der Paarberatung immer wieder. Das Paar hat schon viele Jahre in einem ewigen Streit nebeneinanderher gelebt, vielleicht schon seit Jahren nicht mehr miteinander geschlafen. Aber als der Partner dann fremdging, kamen sie mit ihrer Beziehung auf einmal nicht mehr klar. Dann erst wurde von Trennung gesprochen. Oder erst dann hielt man es für sinnvoll, einmal zu einem Berater zu gehen. Ja, erst dann waren der Schmerz und das Leid nicht mehr auszuhalten. Ist das nicht irgendwie paradox? Ist es nicht schlimmer, unentwegt einen unliebsamen, respektlosen Umgang miteinander zu pflegen, als einmal eine Dummheit hinzunehmen? Eine Dummheit, die zwar respektlos ist, aber vielleicht unter gewissen Umständen mal passieren kann. Jemand, der generell unliebsam und respektlos mit seinem Partner bzw. seiner Partnerin umgeht, scheint immer noch viel mehr Ansehen zu genießen, als jemand, der im Großen und Ganzen liebevoll mit seinem Partner bzw. seiner Partnerin umgeht, aber dummerweise einmal fremdging. Warum ist das so? Warum nehmen wir Vieles, was nicht in Ordnung ist, hin, aber das Eine eben nicht? Wie weiter oben bereits angeschnitten, hat das einerseits mit unseren natürlichen menschlichen Bedürfnissen und Interessen zu tun, und andererseits mit unseren nicht natürlichen, also unseren erlernten Bedürfnissen, Interessen und Überzeugungen.

Erstens: natürliche Bedürfnisse: Unsere natürlichen Interessen und die ihnen zugrunde liegenden natürlichen Bedürfnisse können wir nicht verändern. Sie sind uns von der Natur gegeben. Auch wenn wir oft durch Moralvorstellungen und andere von außen an uns herangetragene gesellschaftliche und kulturelle Anforderungen dazu aufgefordert werden, unsere natürlichen Bedürfnisse zu unterdrücken oder gar zu verleugnen, so sind diese dennoch da. Gegen sie können wir nichts tun. Sie sind schließlich lebensdienlich und ermöglichen uns überhaupt erst ein Leben als Mensch. Wenn unsere menschlichen Bedürfnisse unerfüllt sind, beschert uns das automatisch – weil das die Natur von Bedürfnissen ist – unangenehme Gefühle. Erfüllte Bedürfnisse bescheren uns angenehme Gefühle. Deswegen streben Bedürfnisse einfach immer nach Erfüllung. Das ist so und ist nicht zu ändern. Da hilft alles Unterdrücken und Verleugnen auf Dauer nichts.

Die vier Grundpfeiler der menschlichen Bedürfnisse (nach Klaus Detlev Grawe, deutscher Psychotherapeut), auf denen alle anderen menschlichen Bedürfnisse, die es sonst auch noch gibt, aufbauen, sind folgende:

1. Bindung (im Sinne von Verbindung, Zugehörigkeit zu einem Partner, zu Familie, Freunden, Bekannten etc.)

2. Sicherheit (im Sinne von Kontrolle über das eigene Leben behalten, Ordnung, Struktur, Klarheit, Orientierung)

3. Selbstwert (im Sinne von Selbstwerterhaltung, Selbstwerterhöhung)

4. Lebenslust (im Sinne von Lustgewinn, Unlustvermeidung)

Alle anderen menschlichen Bedürfnisse sind auf mindestens einen der vier genannten wichtigen Grundpfeiler zurückzuführen! Schauen Sie sich die vier Basisbausteine aller menschlichen Bedürfnisse einmal an! Was glauben Sie, passiert mit diesen, wenn herauskommt, dass der Partner fremdgegangen ist? Was macht solch ein Vorfall mit den Bedürfnissen nach Bindung bzw. Zugehörigkeit? Wie ist es um Sicherheit bzw. Kontrolle bestellt? Wie wirkt sich das auf den Selbstwert aus? Oder auf die Lebenslust? Die Antwort werden Sie schnell erkennen: Alle vier Grundpfeiler der menschlichen Bedürfnisse und damit alle anderen Bedürfnisse, die auf ihnen aufbauen, stürzen urplötzlich in sich zusammen. Es ist, als würde einem der Boden unter den Füßen weggezogen. Nichts scheint mehr in Ordnung zu sein. Kein Bedürfnis scheint mehr erfüllt. Alles gerät aus dem Gleichgewicht. Nichts scheint mehr sicher. Nichts hat man mehr unter Kontrolle. Der Selbstwert ist im Keller. Die wichtigste Bindung aufs Höchste gefährdet. Kein Lustgewinn, also keine Lebensfreude mehr in Sichtweite. Es ist eine psychische und seelische Katastrophe, die in der Regel jeden Menschen überfordert, dem so etwas passiert. Sie basiert auf unseren natürlichen, menschlichen Bedürfnissen, die fast alle mit einem Schlag nicht mehr erfüllt werden. Man könnte also durchaus sagen, es gleicht einer Naturkatastrophe.

Wir alle werden – zumindest zu Beginn, wenn die Überforderung noch frisch ist – von dieser Katastrophe aus der Bahn geworfen. Es geht nicht anders. Es hat etwas mit unseren natürlichen Bedürfnissen zu tun, von denen wir einfach nicht zu trennen sind. Dieser auf natürliche Weise verursachte Schmerz kann auch auf natürliche Weise wieder heilen. Nämlich dann, wenn wir wieder Ordnung in unser Gefühls-, und Gedankenchaos bringen. Ohnmacht, Wut und alle anderen schmerzlichen Gefühle können mit der Zeit an Intensität verlieren, sodass wir uns irgendwann auch wieder dazu in der Lage fühlen, miteinander über alles respektvoll zu reden und alles neu zu sortieren. Wir können neue Klarheit schaffen und uns entweder nach einer gewissen Zeit mit neuem Bewusstsein auf die Fortführung der Beziehung einlassen, weil wir zu der Erkenntnis kommen, dass die Beziehung wertvoll für uns ist und wir sie künftig mehr pflegen möchten. Oder wir können uns respektvoll voneinander trennen, weil wir beispielsweise erkennen, dass wir mit unserem Partner einfach nicht mehr gut zusammenpassen. Der Seitensprung war dann nur der Auslöser, der uns das bewusst gemacht hat.

Diese sachliche Klärung könnten wir theoretisch mit ein wenig Zeit und gutem Willen hinbekommen. Das wäre von Natur aus gar nicht so schwer. Doch, ob die Verarbeitung eines Seitensprungs eher leicht fällt oder ob es eine schwere, wenn nicht sogar unlösbare Aufgabe darstellt, hängt leider auch noch sehr stark von unseren nicht natürlichen, erlernten Bedürfnissen und den damit verbundenen Überzeugungen, Werten, Erwartungen, Interessen, Zielen, Wünschen und Idealen ab!

Zweitens: nichtnatürliche, erlernte Bedürfnisse: Unter den nichtnatürlichen, erlernten Bedürfnissen und Interessen möchte ich hier alle Erwartungen, Ansprüche, Weltsichten, Verhaltensweisen, Denkweisen, Wertvorstellungen, Wünsche, Ziele, Ideale, sonstigen Vorstellungen und Überzeugungen zusammenfassen, die einem nicht in die Wiege gelegt wurden, sondern die man aufgrund des gesellschaftlichen, kulturellen, sozialen Umfeldes, in dem man aufgewachsen ist, im Laufe seines Lebens erworben hat. Wir hätten andere Erwartungen, Wertvorstellungen, Verhaltensweisen, Ideale, wenn wir in einem anderen Umfeld mit anderen sozialen Strukturen aufgewachsen wären.

Wenn man sich das allein einmal bewusst macht, kommt man bereits zu der Erkenntnis, dass das, was wir tun, glauben und wovon wir überzeugt sind, keiner allgemeingültigen Wahrheit entsprechen kann. Wir alle haben unsere subjektiven Wahrheiten, die wir für objektiv wahr halten. Doch wir könnten alles auch ganz anders sehen, wenn wir in einem anderen Land, in anderer Umgebung und anderen Verhältnissen aufgewachsen wären und andere Erfahrungen gemacht hätten. Wir wären dann ein anderer Mensch mit anderen Gefühlen, Gedanken und Taten. Wir fänden andere Dinge richtig oder falsch. Es würden uns andere Dinge verletzen. Das soll nicht heißen, dass wir uns alle einmal klarmachen sollten, dass das, an was wir glauben und was wir für wahr halten, falsch ist. Das würde uns letztlich wirklich nichts nützen und es wäre auch nicht wahr. Wir brauchen schließlich alle eine Wahrheit, an der wir uns orientieren können. Sinn macht das Ganze, wenn wir die Erkenntnis daraus ziehen, dass es viele Wahrheiten gibt, die jeweils für jeden einzelnen Menschen jeweils eigene berechtigte Bedeutungen haben.

Im Bewusstsein, dass jeder Mensch sich und die Welt durch eine eigene Brille erlebt und bewertet, individuelle psychische und seelische Kompetenzen (Stärken und Schwächen) mitbringt und entwickelt, Vorstellungen und Ideale erlernt und ausbildet, liegt sehr viel heilende, friedenstiftende Kraft. Diese jeweils eigenen Brillen anzuerkennen, ebnet den Weg, um entsprechend respektvoll und verständnisvoll miteinander umgehen zu können, sprich, um soziale Kompetenz zu entwickeln. Wie oben unter *„erstens: natürliche Bedürfnisse"* bereits erwähnt, nehmen unsere nicht natürlichen, erlernten Bedürfnisse und Interessen erheblichen Einfluss auf das Erleben und Verarbeiten eines Seitensprungs. Wenn wir gelernt und verinnerlicht haben, dass ein Seitensprung das Widerwärtigste, Verabscheuungswürdigste, Unverschämteste und Verletzendste ist, was einem der Beziehungspartner antun kann, und dass man solch einem Menschen niemals wieder vertrauen darf, weil er durch und durch verlogen und schlecht ist und er vermutlich von Anfang an nicht ehrlich zu uns war, dann wird die Verletzung im Falle eines Seitensprungs auch dementsprechend übergroß, niederschmetternd und schwer heilbar sein. Sie wird viel größer sein, als sie es sowieso schon aufgrund unserer ganz natürlichen Bedürfnisse ist. Dementsprechend sind auch die Verarbeitung des Seitensprunges und die Wiederannäherung an den Partner um ein Vielfaches schwerer. Häufig werden die erlernten Vorstellungen und Ideale für so wahr und unumstößlich gehalten, dass es dem Hintergangenen nie mehr gelingt, damit fertig zu werden.

Wer nicht erkennt oder sich nicht für den Gedanken öffnen kann, dass es für alles menschliche Verhalten natürliche Gründe gibt, die nicht aus irgendeiner bösen Absicht resultieren, sondern immer mit menschlichen, lebensdienlichen Bedürfnisse zusammenhängen, wird für die Fehler, Schwächen, Defizite, Befindlichkeiten und individuellen Bedürfnisse eines anderen weder Respekt und Anerkennung, noch Empathie und Verständnis entwickeln können.

Anstatt sich irgendwann einigermaßen sachlich dafür zu interessieren, wie es überhaupt zu dem Seitensprung kommen konnte, oder ob es sich lohnen kann, die Beziehung noch einmal ganz neu zu entwickeln und wieder aufeinander zuzugehen, wird man dann viel mehr dazu neigen, dem Seitenspringer Schuld zuzuweisen. Aber weil absolut alles, was wir tun, immer der Bedürfniserfüllung dient, ist auch das Schuldzuweisen nur eine Strategie, mit der wir versuchen, unsere Bedürfnisse nach Bindung, Sicherheit, Selbstwert und Lebensfreude wieder zu erfüllen. Wenn wir dem Seitenspringer Schuld zuweisen, ihn beschimpfen und kritisieren, ist das also der Versuch unserer Bedürfnisse, sich dadurch Erfüllung zu verschaffen. Aber wie so oft im Leben sind nicht alle Strategien, die wir zur Bedürfniserfüllung anwenden, wirklich sinnvoll, angemessen, respektvoll und zielführend. Genauso, wie der Seitensprung zur Erfüllung mancher unerfüllter Bedürfnisse auch keine sinnvolle, angemessene, respektvolle und zielführende Erfüllungsstrategie darstellt. Zumindest dann nicht, wenn man mit dem Partner eine monogame Beziehung vereinbart und sich Treue zugesichert hat.

Selbstverständlich ist es nicht bei jedem Menschen, der durch einen Seitenspringer schwer verletzt wurde, so, dass das Bedürfnis besteht, dem „Übeltäter" Schuld zuzuweisen oder es ihm gar heimzuzahlen. Für viele ist es auch nur so, dass sie es einfach nicht schaffen, dem Seitenspringer wieder zu vertrauen und den Vorfall zu verzeihen. In der Regel ist es natürlich ein Mischmasch aus vielen Gründen. Ganz egal, welche Gründe es sind, die dafür sorgen, dass man sich dem Seitenspringer nicht mehr emotional annähern kann, immer hat es etwas mit unseren natürlichen und noch mehr mit unseren erlernten Bedürfnissen zu tun, die uns unangenehme Gefühle bescheren, wenn sie unerfüllt bleiben.

Aus meiner Beratungspraxis weiß ich: Menschen, die Verständnis dafür haben, dass ein Seitensprung unter gewissen Umständen passieren kann und solch einen Vorfall nicht überbewerten, tun sich sehr viel leichter, wieder aufeinander zuzugehen und sogar gestärkt daraus hervorzugehen, als jene Menschen, die dafür kein Verständnis aufbringen können oder wollen. Daher möchte ich behaupten: Die einzige Chance, vollkommen unbeschadet über den durch einen Seitensprung verursachten Schmerz hinwegzukommen und sich danach sogar noch näher zu sein als vorher, ist, die Realität zu akzeptieren und sich ihr zu stellen. Das bedeutet: der Wahrheit genügend Raum für wirkliche Offenheit und Ehrlichkeit zur Verfügung zu stellen; sich für die zugrundeliegenden Ursachen zu interessieren; den Vorfall offen und ehrlich zu klären; mehr Wert darauf zu legen, was man sich für die Zukunft wünscht, als auf das, was in Vergangenheit schiefgelaufen ist; Verständnis dafür zu entwickeln, dass Menschen menschliche Bedürfnisse haben, die immer nach Wegen suchen, sich zu erfüllen und dass es deshalb nichts Ungewöhnliches ist, dass Menschen auch mal Fehler machen; die Verletzungen dahingehend zu hinterfragen, in wieweit diese mit überhöhten Idealen, unrealistischen Ansprüchen und nicht zutreffenden Fehlinterpretationen zu tun haben.

Ich wünsche mir für meine Klienten aus diesem Grund immer, dass sie es schaffen, sich zu öffnen und über alles respektvoll, erwachsen und auf einer sachlichen Ebene zu kommunizieren. Natürlich kann eine respektvolle, erwachsene, sachliche Auseinandersetzung auch dazu führen, dass man zu der Überzeugung kommt, sich vom Partner trennen zu wollen. Vielleicht, weil einer von beiden oder auch beide Beteiligten erkennen, dass die gemeinsame Beziehung nicht mehr glücklich macht.

Ich denke, der Hintergangene ist aber auf jeden Fall gut beraten, wenn er zuvor einmal ganz genau prüft, von wem oder was er sich trennen möchte. Will er sich wirklich vom Partner trennen, oder könnte es vielleicht sinnvoller sein, sich stattdessen von zu hohen Ansprüchen und Idealen zu trennen? Ansprüche und Ideale, die er aufgrund seiner erlernten Vorstellungen von Treue und Untreue erworben hat und die ihn daran hindern, Verständnis zu entwickeln, sich wieder für den Seitenspringer zu öffnen und ihm zu verzeihen.

Genauso glaube ich, dass der Seitenspringer gut beraten ist, wenn er wirklich begreift, wie sehr der Seitsprung alle Beteiligten verletzt hat; in welchem Ausmaß sein Fehlverhalten die Beziehung gefährdete; und dass deshalb so etwas in Zukunft nicht mehr vorkommen darf. Zumindest dann nicht, wenn man eine monogame Beziehung, die von Vertrauen und Treue getragen werden soll, miteinander vereinbart. Ewige Liebe kann natürlich niemand einem anderen Menschen versprechen oder garantieren, denn wie lange man das Gefühl der Liebe für einen anderen Menschen empfindet, kann sich kein Mensch aussuchen. Die Liebe bleibt nur erhalten und vertieft sich nur weiter, wenn man einander mit genügend Respekt, Anerkennung, Wertschätzung, Interesse, Empathie, Gleichberechtigung, Verständnis etc. begegnet. Jede Geringschätzung in Form von Bevormundung, Anschuldigung, Kritik etc. und jede Beschneidung von Autonomie in Form von Zwang, Kontrolle, Eifersucht etc. schwächt die Liebe. Der Seitenspringer sollte zutiefst verstehen, dass eventuelle Probleme künftig nie mehr durch einen Seitensprung zu kompensieren sind. Es sollte klar sein, dass Probleme immer miteinander besprochen werden müssen. Wenn man keine Lösungen findet und sich in der Beziehung unglücklich fühlt, kann man über eine Trennung nachdenken, aber nicht über einen Seitensprung.

Nur noch einmal zum besseren Verständnis: Beiden Beteiligten sollte klar werden – wenn sie die Beziehung fortführen möchten – dass es unumgänglich ist, künftig die Beziehung viel aufmerksamer, offener, ehrlicher, respektvoller, wertschätzender, empathischer und verständnisvoller zu gestalten als zu vor. Über Wünsche, Interessen, Ziele und Probleme muss respektvoll und anerkennend gesprochen werden können.

Meine Empfehlung hierzu lautet: Messen Sie Vertrauen nicht mehr daran, wie verlässlich Ihr Partner Ihre Erwartungen erfüllt und er seine Versprechen einhält. Messen Sie Vertrauen daran, wie verlässlich Ihr Partner sich Ihnen zumutet und anvertraut, wenn er mal etwas falsch macht oder wenn er anders ist, als es Ihnen gefällt bzw. als Sie es sich wünschen. Einander jederzeit zumuten und anvertrauen können Sie sich beide nur, wenn Sie sich gegenseitig auch den Raum dafür zur Verfügung stellen. Wenn Ihr Partner weiß, dass Sie seine Ehrlichkeit nicht wertschätzen, oder wenn Sie wissen, dass Ihr Partner Ihre Ehrlichkeit nicht anerkennen kann, werden Sie dieses Zutrauen zu sich selbst und zueinander nicht in sich finden.

Damit ich nicht missverstanden werde: Wenn ich schreibe, „der Hintergangene sollte…", „der Seitenspringer muss…" etc. soll das nicht heißen, dass ich mich hier als jemand aufspielen will, der Maßstäbe vorgibt und von sich glaubt, anderen erzählen zu können, was richtig oder falsch ist. Sie sollen und müssen gar nichts machen, was Sie nicht wollen. Wenn ich hier die Worte „sollen" und „müssen" verwende, meine ich das wie folgt: Wenn Sie eine monogame, vertrauensvolle Beziehung miteinander vereinbaren und sich Treue zusichern, dann sollten und müssen Sie sich an gewisse Vereinbarungen halten, mit denen Sie den Rahmen Ihrer Beziehung wahren. Der Rahmen einer monogamen Beziehung ist ein anderer, als der Rahmen einer offenen Beziehung. Jede Beziehung braucht einen Rahmen, innerhalb dessen beide Beteiligten sich bewegen und entfalten können. Der Rahmen besteht immer aus den Bedingungen und Regeln, die man miteinander vereinbart hat. Ich finde den Wunsch nach einer monogamen Beziehung genauso legitim, berechtig und in Ordnung, wie den Wunsch nach einer offenen oder sonst wie gearteten Beziehung. Ich finde nicht, dass es da eine Beziehungsform gibt, die richtiger oder falscher bzw. mehr oder weniger in Ordnung ist, als eine andere. Wichtig ist doch nur, dass beide das gleiche wollen. Sobald zwei Menschen hier mit ihren Vorstellungen und Ansprüchen an eine Beziehung nicht zusammenpassen, wird es schwierig. Wer sich eine monogame Beziehung wünscht, der <u>sollte</u> und <u>muss</u> sich einfach an bestimmte Abmachungen halten.

Weitere Gedanken darüber, warum Fremdgehen wehtut
Wir alle haben also menschliche Bedürfnisse und Interessen. Einerseits jene, die wir von Natur aus haben und andererseits jene, die wir aufgrund unserer Biografie, sprich, unserer Lernerfahrungen entwickelt haben.

Zu den natürlichen Gründen: Wir alle haben von Natur aus unsere menschlichen Bedürfnisse. Wenn Bedürfnisse erfüllt sind, beschert uns das angenehme Gefühle. Wenn Bedürfnisse unerfüllt sind, beschert uns das unangenehme Gefühle. Wenn der Partner fremdgeht, sorgt das in der Regel dafür, dass dadurch eine Vielzahl unserer Bedürfnisse auf einen Schlag keine Erfüllung mehr finden. Man muss sich das mal vorstellen: es reicht in der Regel schon aus, wenn nur eines unserer Bedürfnisse an einem wesentlichen Mangel leidet. Nicht selten fühlt man sich dann schon schlecht bzw. unglücklich genug. Nun ist es aber so, wenn der Partner fremdgeht, erleiden gleich unglaublich viele Bedürfnisse einen Mangel. Von der Sekunde an, in der man von dem Seitensprung erfährt, stürzen unsere ganzen Bedürfnisse in sich zusammen. Kaum ein Bedürfnis findet im dem Moment noch Erfüllung. Wie das zu erklären ist, habe ich versucht im vorangegangenen Beitrag mit der Überschrift („Vom Schmerz, den ein Seitensprung verursacht", Seite 45) zu schildern. Es ist so schrecklich schmerzhaft, weil alle vier Grundpfeiler unserer menschlichen Bedürfnisse und damit auch alle anderen Bedürfnisse plötzlich keine Erfüllung mehr finden.

Zu den erlernten Gründen: Wir alle entwickeln aufgrund unserer gesellschaftlichen und kulturellen Lernerfahrungen eigene Ansichten, Werte, Überzeugungen, Weltsichten, Ideale etc. Die sich aus ihrer Summe entwickelnden individuellen, erlernten Bedürfnisse, Interessen, Überzeugungen etc. lassen uns alles durch unsere eigene, subjektive Brille erleben und bewerten. Eine objektive Wahrheit gibt es nicht. Ein Ideal, das dennoch fast überall auf dieser Welt einen sehr hohen Stellenwert besitzt und deshalb von sehr vielen Menschen gleichermaßen als gut, richtig, ehrenwert, erstrebenswert und wahr erlernt wurde, ist die Vorstellung von der perfekten, ganz großen Liebe. Doch wie, wo und von wem haben wir dieses Ideal als ehrwürdig und erstrebenswert zu betrachten gelernt? Nun, von Hollywood-Verfilmungen, Liebesromanen, Love-Songs, Gedichten etc. Doch, die Literatur mit übertrieben sentimentalen Liebesromanen, die Filmbranche mit herzzerreißenden Romantikszenen und die Musikindustrie mit naiven Herz-Schmerz-Love-Songs zeichnen ein keineswegs realistisches Bild von Liebe und erfüllter Zweisamkeit. Sehr viele Menschen glauben jedoch an diese unrealistischen, überhöhten Hollywood-Ideale. Wir alle lernen auf diese Weise, dass Treue richtig und ehrenwert ist. Dagegen ist natürlich auch gar nichts einzuwenden. Jedoch halte ich die erlernten Ideale von Liebe und Treue für extrem unrealistisch und überhöht. Wenn wir gelernt haben, weil wir es tausendfach in Liebesromanen gelesen, in Liebesfilmen gesehen, in Love-Songs gehört und von Freunden und Familienmitgliedern gesagt bekommen haben, dass Treue das allerwichtigste ist und Fremdgehen das am allermeisten zu Verabscheuende und Verletzende, dann ist es nicht verwunderlich, dass wir im Laufe der Zeit zu der festen Überzeugung kommen, dass diese Idealisierungen und Überhöhungen einer objektiven Wahrheit entsprechen. Kommt es zu einem Seitensprung, ist es dann kein Wunder, dass solch ein Vorfall blankes Entsetzen sowie tief empfundene Ablehnung und Enttäuschung in uns auslöst. Fremdgehen als etwas ganz Widerliches, Unehrenhaftes anzusehen und entsprechend heftig darauf mit Ablehnung, Wut, Verletztheit und Verzweiflung zu reagieren, haben wir von Kindesbeinen an gelernt.

Natürlich würden wir auch enttäuscht, verärgert, wütend und verletzt auf einen Seitensprung reagieren, wenn wir diese überhöhten Lernerfahrungen nicht gemacht hätten. Allein unsere natürlichen, nicht erlernten Bedürfnisse reichen schon aus, um uns bei solch einem Vorfall negative Gefühle zu bescheren. Jedoch, wenn es darum geht, einen Seitensprung zu verarbeiten bzw. darum, mit der Tatsache klarzukommen, dass ein Seitensprung geschehen ist, und man versuchen möchte, die Beziehung trotz allem zu retten, ist man gut beraten, wenn man zumindest einmal versucht, die Vorstellungen rund um die Themen Treue und Liebe neu zu hinterfragen. Und zwar dahingehend, ob die Tiefe der empfundenen Verletzung, die Intensität der Wut, die Schwere der Ohnmacht und der Enttäuschung damit zusammenhängen können, dass man die diesbezüglichen Vorstellungen, Bedingungen, Ansprüche, Erwartungen und Ideale vielleicht auf ein zu hohes Podest gehoben hat. Natürlich geht es nicht darum, Liebe und Treue nicht mehr so ernst zu nehmen. Aber ob ein Seitenspringer oder eine Seitenspringerin gleich zu einem schlechten, gemeinen, nicht mehr vertrauenswürdigen Menschen degradiert werden muss, der für den Fehltritt für immer zu brandmarken ist, und teuer zu bezahlen hat, halte ich für falsch oder zumindest für überprüfenswert.

Von der Wucht des Seitensprungs für alle Beteiligten
Wenn ein Seitensprung aufgedeckt wird, ist das in der Regel für beide, häufig auch für alle drei Beteiligten eine Katastrophe. Um den Dritten im Bunde soll es jedoch in diesem Buch nicht gehen. Es ist für zwei Menschen gedacht, deren bestehende Paarbeziehung durch einen Seitensprung ins Wanken geraten ist und soll dabei helfen, wieder aufeinander zugehen zu können. Ich möchte mir mit Ihnen gemeinsam einmal anschauen, welche Art von Katastrophe ein Seitensprung bei beiden Beziehungspartnern auslösen kann bzw. mit welchen Gedanken und Gefühlen beide zu kämpfen haben können.

Vom Gefühls-Chaos des Hintergangenen
Was ist das Schlimme an einem Seitensprung für den Hintergangenen? Mit welchen Gedanken und Gefühlen plagt er sich herum? Welches Verhalten legt er aufgrund seiner Verletzungen an den Tag?

Zu Beginn, wenn der Seitensprung gerade aufgedeckt wurde, wird der Hintergangene in der Regel von heftigsten, schmerzlichsten Gefühlen überschwemmt. Wie bereits geschildert, sind fast alle menschlichen Bedürfnisse von einer Sekunde auf die andere davon bedroht, keine Erfüllung mehr zu finden. Es ist als bekäme man den Boden unter den Füßen weggezogen. Da ist eine große Angst, den Partner, die gemeinsamen Kinder, das gemeinsame Haus, alles, was man sich zusammen aufgebaut hat, was einen mit dem anderen verbindet und was man sich für die gemeinsame Zukunft erhofft und woran man geglaubt hat, zu verlieren. Jenseits dieser großen Angst gibt es eine riesengroße Verletzung, weil der Partner, dem man vertraute, einen hinters Licht geführt hat. Er hat den Hintergangenen belogen, heimliche Treffen mit dem Dritten im Bunde geplant und möglich gemacht. Ganz nebenbei am Frühstückstich sitzend oder beim gemeinsamen Fernsehabend unbemerkt SMS oder WhatsApp-Nachrichten an den Dritten verschickt. Sich zwischendurch mit dem Dritten in fremden Betten gewälzt, sich dabei vergnügt, gelacht, Süßholz geraspelt und dann immer noch den Hintergangenen glauben lassen, es sei alles in Ordnung. Diese ganzen Heimlichtuereien, die hinter dem Rücken des Partners vom Seitenspringer vollzogen wurden – vielleicht sogar über einige Wochen oder Monate – werden häufig als schmerzhafter, demütigender, niederträchtiger und unverzeihlicher empfunden, als die alleinige Tatsache, dass der Partner Sex mit einem anderen hatte. Der Hintergangene befindet sich in einem heillosen Chaos der Gedanken und Gefühle. Er steckt in einer kaum auszuhaltenden psychischen und seelischen Überforderung. Dementsprechend ist es ihm in dieser Situation auch nicht möglich, sofort zielführende, respektvolle Erfüllungsstrategien zur Anwendung zu bringen, sprich, ruhig, sachlich und klärend über alles zu reden. Stattdessen wird dann wütend geflucht, beschuldigt, gebrüllt, mit Schimpfwörtern und Gegenständen um sich geworfen, sich ohnmächtig zurückgezogen, mit krassen Konsequenzen gedroht. Tausend vorwurfsvolle Fragen werden gestellt, wie etwa: „Warum hast du mir das angetan? Wie konntest du das nur tun? Hast du mich denn überhaupt jemals geliebt? Wie lange geht das schon so? Schämst du dich denn gar nicht? Wie soll ich dir jemals wieder vertrauen können? Was hat der bzw. die andere, was ich nicht habe? Ist der bzw. die andere jünger, attraktiver, spannender, aufregender, reicher oder interessanter als ich?" Hundert respektlose Drohungen werden dem Seitenspringer an den Kopf geworfen: „Du wirst schon sehen, was du davon hast! Das wirst du noch bitter bereuen! Ich muss meine Kinder vor dir schützen, die siehst du so schnell nicht wieder! Ich hätte damals auf meine Mutter hören sollen, die hat mich vor dir gewarnt! Dass du so gemein sein kannst, hätte ich dir nie zugetraut! Du bist das Letzte! Du bist ekelhaft" etc.

All diese Gefühle, Gedanken und Taten können entweder irgendwann lösungsorientiert hinterfragt und dabei sachlich auf ihre Gültigkeit geprüft werden, sodass man eine Klärung der Situation erzielen kann, oder man kann für sie unentwegt nach immer neuen Bestätigungen suchen und sich einer sachlichen Klärung auf diese Weise verweigern. Ersteres kann dazu führen, dass man wieder weiß, was man sich bedeutet und die Beziehung auf einem neuerrichteten Fundament fortführt. Genauso gut kann man dabei natürlich auch zu der Erkenntnis kommen, dass es besser ist, sich zu trennen, weil einem die Beziehung eben doch nicht mehr viel bedeutet. Wenn man sich der sachlichen Klärung jedoch verweigert, führt das eher dazu, dass man entweder über viele Monate und Jahre mit Kontrollzwang, Angst und mangelndem Vertrauen die Beziehung irgendwie versucht fortzuführen oder dass die Beziehung in bitterer Verfeindung und ewigen unterschwelligen, respektlosen Kämpfereien auseinanderbricht.

Vom Gefühls-Chaos des Seitenspringers

Was ist das Schlimme an einem Seitensprung für den Seitenspringer? Mit welchen Gedanken und Gefühlen plagt er sich herum? Welches Verhalten legt er aufgrund seines Leidens an den Tag?

Zu Beginn, wenn der Seitensprung gerade aufgedeckt wurde, wird der Seitenspringer in der Regel von heftigen Scham-, und Schuldgefühlen überschwemmt. Auch wenn er sich häufig in der weniger schlechten Situation befindet als der Hintergangene, so ist es auch bei ihm meist so, dass viele seiner menschlichen Bedürfnisse von einer Sekunde auf die andere ihre Erfüllung verlieren. Auch für ihn ist es sehr häufig eine Katastrophe. Es herrscht entweder eine große Verwirrung der Gefühle, weil er nicht weiß, für wen er sich entscheiden soll, oder er hat große Angst, den langjährigen Partner zu verlieren, weil er zwar beim langjährigen Partner bleiben möchte, dieser aber so verletzt ist, dass nicht klar ist, ob das künftig überhaupt noch möglich ist. Da ist also auch bei ihm die große Angst, den Partner, die gemeinsamen Kinder, das gemeinsame Haus, alles, was man sich zusammen aufgebaut hat, was einen mit dem anderen verbindet und was man sich für die gemeinsame Zukunft erhofft und woran man geglaubt hat, zu verlieren. Jenseits dieser großen Angst, gibt es eine Sehnsucht danach, dass alles wieder gut wird und die Beziehung zum langjährigen Partner eine neue Chance erhält. Es existieren dann die Überzeugung und der Wunsch, dass die Beziehung in Zukunft glücklicher verlaufen wird als vorher. Der Seitenspringer weiß, was er dem Partner angetan hat und er wünscht sich, alles wieder gutmachen zu können. Er weiß, dass er – wenn es andersherum gewesen wäre – genauso verletzt und enttäuscht reagiert hätte. Er weiß, wie schäbig es war, den Partner hinters Licht zu führen. Ihn hinter seinem Rücken hinterlistig zu belügen und zu betrügen. Auch der Seitenspringer befindet sich in einem heillosen Chaos der Gedanken und Gefühle. Nicht selten steckt auch er in einer kaum auszuhaltenden psychischen und seelischen Überforderung. Er weiß entweder nicht mehr was er will und was er machen soll, oder er weiß zwar, was er will – nämlich den Partner – aber der weigert sich. Weil er aus dieser Überforderung heraus keinen klaren Gedanken fassen kann und er es auch vielleicht nicht gewohnt ist, über Gefühle und Probleme offen zu reden, übernimmt sein Unterbewusstsein einen großen Teil seines Denkens und Handelns. In der Überforderung sucht seine Psyche in Eigenregie nach Strategien, um mit der ganzen Situation irgendwie klarzukommen. So findet sein Unterbewusstsein mit all seinen vielseitigen und vielschichtigen Verdrängungs- und Selbstschutzmechanismen Mittel und Wege, die Dinge zu verwischen, auszublenden, zu vereinfachen, zu bagatellisieren, schönzureden, zu verleugnen und sich sonst wie aus der Sache herauszureden. Anstatt auf die Wut, die Enttäuschung, die Verletzung und die Fragen des verletzten Partners entsprechend verständnisvoll und liebevoll reagieren zu können, kommt es dann häufig seinerseits auch zu Schuldzuweisung, fadenscheinigen Erklärungen oder Bagatellisierungen. Die Bagatellisierungen sind in der Regel keine vorgetäuschten Aussagen, mit denen er bewusst den Seitensprung verharmlost. Nein, er wird tatsächlich für harmlos gehalten. Das ist einfach zu erklären: Der Hintergangene quält sich wochen- und monatelang mit tausend Fragen, die sich nur darum drehen, wie harmlos oder ernst der Seitensprung für den Seitenspringer war und was er wirklich für ihn bedeutete. Er findet aber keine Antworten auf seine tausend Fragen, die sich nur darum drehen. Er hört die Antworten des Seitenspringers, aber er weiß nicht, wie und was davon er glauben kann und was nicht. Der Hintergangene erlangt einfach die verlorengegangene Sicherheit nicht mehr zurück. Er bekommt einfach keine Ordnung mehr in sein Chaos. Er braucht Klarheit, aber er findet sie nicht.

Der Seitenspringer hat hier einen großen Vorteil. Er weiß ganz genau, was ihm der Seitensprung bedeutet hat. Wenn es für ihn nicht mehr als ein Ausrutscher war und ihm die ganze Angelegenheit nicht viel bedeutet hat, dann weiß er das. Wenn es für ihn etwas mehr als nur ein Ausrutscher war, er sich dann aber wieder auf seinen Partner rückbesonnen hat und wieder mit ihm zusammen sein möchte, dann weiß er das. Wenn er sich in einen Dritten verliebt hatte, sich aber dann trotz allem wieder auf die Beziehung zurückbesonnen hat, weil diese ihm wichtiger ist, dann weiß er das. Wenn er sich in den Dritten verliebt hat und ein neues Leben mit ihm anfangen will, dann weiß er das. Ihn quälen diese tausend Fragen nicht, mit denen sich der Partner herumschlägt. Er besitzt diese diesbezügliche Klarheit, die dem Hintergangenen noch fehlt und die er dringend braucht, um Sicherheit und Ordnung zurückerlangen zu können. Für den Seitenspringer ist die ganze Angelegenheit nur dann schrecklich, wenn er sich in den Dritten verliebt hat und nun entweder nicht weiß, für wen er sich entscheiden soll oder wenn er sich in den Dritten verliebt hat, sich auch für die neue Liebe entscheiden will, aber dennoch Angst hat, vieles zu verlieren, was er mit dem Partner erreicht oder aufgebaut hat. Häufig entsteht dann auch der Wunsch, beide, den Beziehungspartner und den Dritten, lieben zu dürfen.

Eine Empfehlung: Keine Angst vor Treue
Nicht selten kommt es vor, dass sich der Seitenspringer in einer Zwickmühle befindet. Er hängt an der neuen Beziehung zum Dritten genauso wie an seiner Beziehung zum Lebenspartner. Er wünscht sich, mit beiden eine Beziehung leben zu dürfen. Es ist für ihn nur schwer oder sogar überhaupt nicht vorstellbar, sich von einem der beiden zu verabschieden. Auf der einen Seite gibt es die neue Liebe, die abenteuerlich ist und eine willkommene Gelegenheit für ihn darstellt, etwas zu bekommen, was er in der Beziehung zum langjährigen Partner vermisst. Auf der anderen Seite ist da der vertraute Lebenspartner, der ihm auch viel bedeutet, weil er sich mit ihm verbunden fühlt und vieles aufgebaut, erschaffen und erlebt hat. Beide Beziehungen erscheinen wichtig und unverzichtbar. Und keinem der beiden will der Seitenspringer wehtun. Häufig keimt dann der Wunsch auf, beide lieben zu dürfen.

Dazu möchte ich Folgendes sagen: Natürlich ist es legitim, das eigene Leben so zu gestalten, dass es zu den eigenen sexuellen Bedürfnissen, Gefühlen und Wünschen passt. Selbstverständlich ist das so! Es gibt Menschen, die zwei, drei, vier oder mehr

Beziehungspartner haben und mit solch einem Beziehungsmodell auch glücklich sind. Legitim ist das dann, wenn es für alle Beteiligten okay ist. Jenen Seitenspringern, die sich aus ihrer Zwickmühlen-Situation heraus solch ein offeneres Beziehungsmodell wünschen, möchte ich Folgendes zu bedenken geben: Auch wenn es durchaus möglich ist, in einem offeneren Beziehungsmodell glücklich zu werden, so ist es meiner Erfahrung nach sehr häufig alles andere als einfach, das auch tatsächlich hinzubekommen. In der Fantasie malt man sich das ganz wunderbar aus. In der Realität erweist sich solch ein Beziehungsmodell aber häufig als Zerreißprobe. Wer solch eine offenere Beziehung leben möchte, sollte den Rahmen seines gewünschten Beziehungsmodels unbedingt ganz genau abstecken. Was ist erlaubt? Was ist nicht erlaubt? Was erwarten wir (und alle Beteiligten) von einander etc.? Wenn es diese Absprachen nicht gibt, ist das ganze Unterfangen von vornherein zum Scheitern verurteilt. Und selbst wenn es einen klar abgesteckten Rahmen für das gewünschte Beziehungsmodell gibt, so muss man es erst einmal hinbekommen, dass alle Beteiligten in der offenen Beziehung dasselbe wollen, gut miteinander klarkommen und sich jeder an alle Absprachen hält. Häufig kommt es trotz des guten Willens und der Bereitschaft, eine offene Beziehung zu führen, zu Eifersucht, Liebeskummer, Angst vor Kontrollverlust und vielerlei anderen Problemen, die mit den Bedürfnissen nach Bindung, Sicherheit, Selbstwert, Anerkennung, Wertschätzung etc. zusammenhängen. Plötzlich hat man nicht nur einen Partner, mit dem es Probleme gibt, sondern mehrere. Häufig gibt es die Regel zwischen zwei Beziehungspartnern, dass es ja okay ist, Sex mit anderen zu haben, aber dass es dabei nicht um Liebe gehen darf. Aber was ist, wenn man auf einmal feststellt, dass man für einen Beziehungspartner, mit dem man zwar Sex haben darf, doch mehr empfindet?

Was ich damit nur sagen möchte: Es mag verlockend sein, sich solche Beziehungsmodelle zu wünschen, aus Erfahrung weiß ich jedoch, dass es vielen nicht gelingt, wahres Glück darin zu finden. Sehr häufig funktioniert so etwas nur eine gewisse Zeit lang. Ansonsten kann es in offeneren Beziehungen leicht zu zermürbenden Eifersuchtsdramen kommen und zu allerlei schmerzhaften Erfahrungen, die einem auf lange Sicht mehr schaden als guttun. Meiner Erfahrung nach bietet eine Beziehung, die monogam angelegt ist, dann doch eher die solidere Grundlage, für eine glückliche, erfüllende Beziehung. Diese braucht auch einen klar abgesteckten Rahmen, damit beide wissen, was erlaubt ist und was nicht; was man von einander erwarten kann und was nicht; welchen Schutz die Beziehung braucht und wodurch man sie gefährden würde; man muss wissen, dass eine glückliche, monogame Paarbeziehung nur dann gelingen kann, wenn man einander respektvoll, wertschätzend, empathisch, verständnisvoll und gleichberechtigt begegnet und sich nicht gegenseitig mit den eigenen Erwartungen an den jeweils anderen überfrachtet und überfordert etc. Sich innerhalb dieses Rahmens zurechtzufinden, ist in der Regel einfacher, als sich in dem viel komplizierteren Rahmen einer offeneren Beziehung zurechtfinden zu müssen. Dort müssen nämlich nicht nur zwei Menschen entsprechend rücksichtsvoll miteinander umgehen können, sondern mehr als zwei. Zwei Menschen haben häufig schon genug damit zu tun, ihre Unterschiede respektvoll unter einen Hut zu kriegen. Wenn es um mehr als zwei Menschen geht, existieren deutlich mehr Unterschiede, die man miteinander in Einklang bringen muss. Daran scheitern viele, die sich an offeneren Beziehungsmodellen versuchen.

Zur Ergänzung und Erinnerung möchte ich an dieser Stelle auch noch einmal eine weiter vorne im Buch bereits erwähnte Textpassage wiederholen:

„Vielen Seitenspringern ergeht es so, dass sie von ihrer Affäre so beeindruckt und von ihren Glücksgefühlen so überrollt werden, dass sie dazu neigen, dem neuen Glück mehr Bedeutung beizumessen als dem alten."

Die langjährig geführte Beziehung kann dem Seitenspringer neben dem neuen Glück verblasst und weniger wichtig erscheinen. Häufig ändert sich das nach einer gewissen Zeit wieder. Es dauert häufig nicht lange, bis man sich auf das, was man mit dem Partner bisher erreicht und sich aufgebaut hat, wieder zurückbesinnt. Die Beziehung zum Lebenspartner erscheint dann auf einmal doch wieder wertvoll und wichtig. Die Beziehung zum Dritten verliert an Bedeutung. Häufig kommt man sogar irgendwann an einen Punkt, wo man gar nicht mehr nachvollziehen kann, warum man überhaupt von solch einem Menschen so beeindruckt war und man wundert sich, dass man dazu fähig war, den Lebenspartner rücksichtslos zu hintergehen. Ich sehe das als Zeichen dafür an, dass man im Rausch der Verliebtheit – sei es nun am Beginn einer jeden seriösen Paarbeziehung oder während einer heimlichen Affäre – zumindest teilweise die Regie über das eigene Denken und Handeln verlieren kann und diese erst wieder zurückerlangt, wenn die Berauschung und Vernebelung des Geistes nachlassen.

Was der Seitenspringer anerkennen und lernen kann
Wenn ein Seitenspringer sich wünscht, die gemeinsame Beziehung mit dem Lebenspartner fortzuführen und beide sich wünschen, künftig einander treu zu sein, ist er meiner Meinung und Erfahrung nach gut beraten, wenn er Folgendes anerkennt und lernt:

- Dem Seitenspringer sollte nach Aufdeckung des Seitensprungs klarwerden, welchen Schaden er der gemeinsamen Beziehung zufügte und vor allem, welchen Schmerz er seinem Partner damit bereitet hat und dass eine eventuelle Wiederholung eines solchen Fehlverhaltens für den Partner einen noch viel größeren Schmerz, eine noch viel größere Enttäuschung und einen noch viel größeren Vertrauensbruch darstellen würde. All das wäre nicht noch einmal entschuldbar.

- Der Seitenspringer sollte verstehen, dass Fremdgehen in einer monogam angelegten Beziehung ein wirklich grobes Fehlverhalten darstellt. Ein Fehlverhalten, das zwar geschehen kann, aber nur deshalb, weil man sich über die Bedeutung und die Folgen nicht wirklich bewusst war. Nachdem ein Seitensprung geschehen ist und man dadurch die Gelegenheit hatte, zu erkennen, was es für einen selbst und für den Partner bedeutet und welche Folgen es hat, sollte der Seitenspringer seine Lektion wirklich gelernt haben.

- Der Seitenspringer sollte Verständnis dafür haben, dass den Hintergangenen tausend Fragen quälen, ohne deren

Beantwortung er seine verlorene Sicherheit, Ordnung und Klarheit nicht wiedererlangen, geschweige denn, zerstörtes Vertrauen wieder zurückgewinnen kann. Er sollte also bereit sein, sich die Fragen und auch die damit verbundenen Anfeindungen und Vorwürfe anzuhören, sie zu respektieren und nach bestem Wissen und Gewissen darauf reagieren. (Auch wenn es natürlich viel sinnvoller und zielführender wäre, wenn der Hintergangene zu einem offenen, ehrlichen, sachlichen und respektvollen Gespräch fähig wäre, anstatt dem Seitenspringer Vorwürfe und Anschuldigungen um die Ohren zu hauen! Das ist aber in der ersten Zeit in der Regel nicht leicht für den Hintergangenen.)

- Der Seitenspringer sollte den Wunsch und die Bereitschaft in sich spüren, alles wieder gut machen zu wollen. Er sollte ehrliches Bedauern ausdrücken und auch an seinen Worten und Taten erkennen lassen, dass es ein Ausrutscher war, von dem er nun überzeug ist, dass er nie wieder vorkommen wird.

- Der Seitenspringer sollte anerkennen und respektieren, dass der Hintergangene Zeit braucht, um schauen zu können, wie und ob er mit der Situation klarkommt. Der Vertrauensbruch, der Schmerz und die Enttäuschung sind so groß, dass der Hintergangene halt einfach so viel Zeit braucht, wie er braucht.

- Dem Seitenspringer sollte klar geworden sein, dass es in der Paarbeziehung Probleme geben muss, ohne die es zu dem Seitensprung gar nicht gekommen wäre. Der Seitensprung war eine Erfüllungsstrategie für seine unerfüllten Bedürfnisse. Über diese sollte offen und ehrlich gesprochen werden und Lösungen gefunden werden können. Wenn es diesen Raum für Offenheit und Ehrlichkeit in der Beziehung nicht gibt, wenn Offenheit und Ehrlichkeit zu Zank und Streit führen, weil man die Wahrheit des anderen nicht als gegeben und zu ihm gehörend anerkennen kann, wird es leider nur schwer gelingen, die Beziehung besser und beglückender zu gestalten, als sie vorher war.

- Der Seitenspringer sollte auch anerkennen und respektieren, wenn der Hintergangene den Fehltritt einfach nicht verzeihen will und kann. Das ist dann der Preis, den er für sein

Fehlverhalten zahlen muss. Ob er es will oder nicht. Ob es ihm Leid tut oder nicht. Ob es ihn zerreißt oder nicht. Ob ich als Paarberater es schade und unangemessen finden würde oder nicht. Jeder trägt für das, was er im Leben tut, die Verantwortung und muss mit den Konsequenzen klarkommen.

Was der Hintergangene anerkennen und lernen kann

Der verletzte Partner ist meiner Meinung nach gut beraten, wenn er Folgendes anerkennt und lernt:

- Wenn der Partner fremdging, ist es natürlich verständlich und ganz natürlich, wenn es den Hintergangenen umhaut und es schwerfällt, wieder neues Vertrauen zu ihm zu fassen. Jedoch lohnt es – wenn die umherwirbelnden starken Emotionen sich mit der Zeit etwas beruhigt haben – sich der Realität zu stellen, sich sachlich und vorwurfsfrei in aller Offenheit und Ehrlichkeit über die Beweggründe zu unterhalten, sprich, sich über die zugrundeliegenden unerfüllten Bedürfnisse, die sich in Beziehungsunzufriedenheit und anderen Problemen äußern, zu unterhalten. Es ist gut, wenn man in der Lage ist, zu respektieren, dass Fremdgehen menschlich ist und unter gewissen Umständen passieren kann. Ferner lohnt es sich, die Bereitschaft zu entwickeln, dem Vorfall mit wirklichem Interesse auf den Grund zu gehen, dem Seitenspringer zu erlauben, wirklich offen und ehrlich alles aussprechen zu dürfen und sich selbst die Realität zuzumuten. Nicht weil das hier im Buch so geschrieben steht, sondern, weil man erkennt, dass alles andere Augenwischerei wäre, die der Wahrheitsfindung und der Fortführung der Beziehung auf einer soliden, gesunden Grundlage nicht dienen würde.

- Der Hintergangene ist gut beraten, wenn er dem Seitenspringer die Chance gibt, alles zu erklären, alles zu bereuen und alles wieder gut machen zu können, glaubhaft versichern zu können, dass es nur ein Ausrutscher war und nie wieder vorkommen wird. Damit es dem Hintergangenen möglich wird, dem Seitenspringer wirklich diese Chance zu geben, müssen die allergrößten schmerzhaften Emotionen bereits abgeklungen sein. In einem heillosen Chaos der Gefühle und Gedanken wird es ihm vermutlich kaum gelingen, sich für die Realität des Seitenspringers zu öffnen und irgendetwas, das dieser sagt, anzuerkennen. Stattdessen wird er dem Seitenspringer Vorwürfe machen und beide geraten dann bald in eine zermürbende, nicht zielführende Auseinandersetzung.

- Der Hintergangene ist gut beraten, wenn er die Fragen, die ihn brennend interessieren und ihn quälen zwar an den Seitenspringer stellt, sich aber gleichzeitig auch darüber im Klaren ist, dass die Beantwortung seiner Fragen davon abhängig ist, welchen Raum es in der gemeinsamen Beziehung für Offenheit und Ehrlichkeit gibt. Das heißt, der Seitenspringer kann nur dann offen und ehrlich über alles Auskunft geben, wenn der Hintergangene die psychosoziale Kompetenz besitzt, Offenheit und Ehrlichkeit grundsätzlich anzuerkennen und als zum anderen gehörend wertzuschätzen – auch wenn die offen und ehrlich ausgesprochenen Offenbarungen nicht erfreulich sind. Wer an das offen und ehrlich mitgeteilte Wort eines anderen den eigenen Maßstab anlegt, mit Bevormundung, Vorwürfen, Anfeindungen und Unverständnis reagiert, besitzt in dem Moment nicht die soziale Kompetenz, mit der Offenheit und Ehrlichkeit eines anderen entsprechend gut umzugehen. Offenheit und Ehrlichkeit sind ihm dann nicht zumutbar. Wenn man weiß, dass der Partner das eigene Denken, Fühlen und Handeln weder verstehen, noch als gegeben und real respektieren kann, wird man sich auch nicht zutrauen, über alles offen und ehrlich zu reden. Teils, weil man sich nicht noch mehr Ärger einhandeln will, teils aber auch, weil man den anderen mit der Wahrheit nicht noch mehr verletzen und verwirren möchte. Wenn ich weiß, dass mir meine Offenheit und Ehrlichkeit schaden, weil der andere sie nicht als untrennbar zu mir gehörend anerkennt und mich vielleicht sogar noch dafür mit Anfeindungen bestraft, behalte ich die Wahrheit vermutlich des Öfteren lieber für mich. Ich werde dann Antworten geben, von denen ich weiß, dass sie dem Partner gut tun und jene Antworten vermeiden, die ihm neuen Schmerz bereiten und neue Verwirrung stiften würden. Noch viel mehr werde ich darauf achten, was ich sage, wenn ich mir selbst nichts sehnlicher wünsche, als die Zuneigung meines Partners zurückzugewinnen. Wieso sollte ich meinem Partner dann mitteilen, wie geil und wild der Sex war, den ich mit einem Fremden erlebt habe? Warum sollte ich erzählen, dass mich das Aussehen und die Ausstrahlung eines anderen so heiß gemacht haben, dass ich einfach nicht wiederstehen konnte? Oder warum sollte ich darüber berichten, wie wunderbar es war, mich endlich mal wieder gehalten, gesehen, geliebt und besonders zu fühlen? Wenn ich genau weiß, dass er das nur schwer ertragen kann und mir sogar vielleicht noch Vorwürfe macht. Der Hintergangene ist also durchaus auch gut beraten, sich einmal zu überlegen, ob er wirklich alle Details erfahren möchte. Ist das wirklich erforderlich? Wäre das wirklich sinnvoll? Ist die Wahrheit hier so wichtig? Vermutlich war der Sex, den der Seitenspringer mit einem anderen hatte, eine tolle, aufregende Erfahrung, bei der er mal so richtig auf seine Kosten kam und das erhalten konnte, was er in der Beziehung vermisste. Das ist ja schließlich der Grund, warum Menschen überhaupt fremdgehen. Selbst wenn der Seitensprung dann vielleicht doch nicht so aufregend war, weil man vielleicht sexuell nicht gut zusammenpasste, so ist die Hoffnung und die Sehnsucht doch immer die, mal etwas zu erleben und zu erhalten, was man zu Hause sehnlichst vermisst. Aber will man das wirklich noch mal aus dem Munde des Seitenspringers hören? Will man quasi das Geschehene noch einmal schmerzlich vor Augen geführt bekommen und nochmal so richtig den Schmerz am eigenen Leib spüren? Ist das wirklich zielführend? Wäre es nicht vielleicht besser, über diese Details nicht alles zu erfahren? Und weil der Seitenspringer aus den soeben genannten Gründen nämlich häufig auch der Meinung ist, dass es besser ist, seinem Partner nicht alles zu erzählen, verstrickt er sich bei seinen Erklärungen oft in Halbwahrheiten, Bagatellisierungen und sogar in Lügen. Da ich das aus den oben genannten Gründen für nachvollziehbar halte, ist der Hintergangene meiner Meinung nach gut beraten, wenn er solche Augenwischereien und Lügen nicht als erneute Vertrauensbrüche ansieht, falls diese im Laufe der Zeit doch noch aufgedeckt werden sollten!

- Dem Hintergangenen sollte klar werden, dass es in der Paarbeziehung Probleme geben muss, ohne die es zu dem Seitensprung gar nicht gekommen wäre. Vielleicht sind es

Probleme, die dem Hintergangenen gar nicht bewusst sind. Vielleicht sind es Dinge, die er zwar bemerkt hat, aber die er nicht als Problem ansieht. Das heißt ja noch lange nicht, dass der Partner darüber genauso denkt und fühlt. Der Seitensprung war eine bewusste oder unbewusste Erfüllungsstrategie mit der versucht wurde, Erfüllung für unerfüllte Bedürfnisse zu erlangen. Über diese sollte offen und ehrlich gesprochen werden und Lösungen gefunden werden können. Wenn es diesen Raum für Offenheit und Ehrlichkeit in der Beziehung nicht gibt, wenn Offenheit und Ehrlichkeit zu Zank und Streit führen, weil man die Wahrheit des anderen nicht als gegeben und zu ihm gehörend anerkennt, wird es leider nur schwer gelingen, die Beziehung besser und beglückender zu gestalten, als sie vorher war. Vielleicht wird es dann gar nicht gelingen.

- Bei allem, was es hier in diesem Buch zu lesen gibt, hat der Hintergangene natürlich das Recht und es ist auch völlig legitim, wenn er dem Seitenspringer nicht verzeihen will und kann. Das ist dann der Preis, den der Seitenspringer für sein Fehlverhalten zu zahlen hat. Dennoch möchte ich den Hintergangenen gerne dazu ermutigen, darüber nachzudenken, welchen Preis er selbst bezahlt und in wieweit er sich selbst schadet, wenn er den Seitensprung nicht verzeihen möchte und in wie weit – und das halte ich wirklich für wesentlich – diese Entscheidung mit überhöhten Idealen und Wertvorstellungen sowie einem geringen Selbstwert zu tun haben könnte! Ich empfehle genau zu prüfen: Kann das Festhalten an einem Ideal wirklich wichtiger sein, als das Festhalten an einer Verbindung zu einem geliebten Menschen?

Von den hohen Idealen des Hintergangenen

Nachfolgend möchte ich Ihnen einmal ein paar Gedanken zu den Idealen vorstellen, die ich als Paarberater für überhöht und unrealistisch halte. Ich meine, es sind Ideale, die es fast unmöglich machen, in einer Beziehung dauerhaft glücklich werden zu können. Es sind Vorstellungen und Erwartungen, die man für die einzig richtige Wahrheit hält und jeder, der diesen Vorstellungen und Erwartungen nicht gerecht werden kann, wird verurteilt. Enttäuschungen sind quasi vorprogrammiert!

Treue ist das alleroberste Gebot in einer Beziehung, demnach ist Fremdgehen die schlimmste, verabscheuungswürdigste Verfehlung, die es in einer Beziehung geben kann! Warum halte ich das für ein überhöhtes Ideal bzw. für eine überhöhte Vorstellung? Zuerst möchte ich noch einmal betonen, dass hier nicht der Eindruck entstehen soll, man solle es doch mit der Treue nicht so ernst nehmen und um einen Seitensprung nicht so viel Theater veranstalten. So ist das ganz sicher nicht gemeint. Ganz sicher nicht!!! Treue ist und bleibt ein achtenswertes Ideal. Fremdgehen ist einer vertrauensvollen, respektvollen, monogam angelegten Beziehung nicht angemessen. Es ist ein grobes Fehlverhalten. Zumindest dann, wenn man miteinander vereinbart hat, einander treu zu sein.

Es geht mir hier nur um den Aspekt der Überhöhung! Der Wunsch nach Treue ist ehrenwert, ganz normal, verständlich, menschlich und nebenbei bemerkt der Wunsch fast aller Menschen. Dieser Wunsch existiert in unseren Köpfen bereits lange bevor wir uns verlieben und eine Beziehung mit einem anderen Menschen eingehen. Wir hegen und pflegen diesen Wunsch. Wir züchten ihn immer größer.

Bevor wir unserer Partnerin bzw. unserem Partner begegneten und uns verliebten, haben wir uns in unseren Träumen schon häufig ausgemalt, wie wunderbar es sein muss und sein wird, wenn wir endlich unserer großen Liebe begegnen. Dem Menschen, der für uns bestimmt ist und deswegen auch niemals etwas tun könnte, das uns verletzt. In diesen Träumen und Fantasien haben wir in den allermeisten Fällen die perfekte Partnerin bzw. den perfekten Partner vor Augen. Den Menschen, der unsere Sehnsüchte stillt, der zu unseren hohen Erwartungen und Ansprüchen passt. Zu unseren hohen Erwartungen und Ansprüchen, die wir gar nicht für hoch halten. Wir halten sie für ganz normal, ehrenwert, erstrebenswert, gerechtfertigt, richtig, ja sogar für ganz bescheiden. Wir verlangen ja schließlich gar nicht viel. Wir wollen uns doch nur geliebt fühlen <u>und uns sicher sein</u>, dass wir die oder den Richtigen an unserer Seite haben, jenen Menschen, der unsere Erwartungen nicht enttäuschen wird. Dass wir selbst die Erwartungen und Vorstellungen des anderen niemals enttäuschen werden, setzen wir als selbstverständlich voraus. Wir halten uns schließlich für gut, gerecht, ehrenwert und rechtschaffend.

Unsere Vorstellungen von Liebe und Beziehung entwickelten wir aufgrund dessen, was wir im Laufe unseres Lebens über Liebe und Beziehung gelernt haben. Und das meiste Wissen über Liebe und Beziehung haben wir nicht weil wir uns ausgiebig mit der Psychologie des Menschen und wissenschaftlichen Erkenntnissen über Liebe und Beziehung beschäftig haben, sondern unser Wissen stammt aus romantischen Liebesromanen, verkitschten Liebesfilmen, naiven Liebesliedern, hochtrabenden Liebesgedichten, dem, was man aus Hollywood und ganz im Allgemeinen so darüber hört, und dem, was wir uns selbst noch dazu erträumt haben. In unseren Köpfen existiert also in der Regel nur das Bild von der idealen Liebe, von der idealen Beziehung, vom idealen Partner. Vom Traumpartner.

In unseren Träumen und Fantasien malen wir uns in der Regel nicht aus, an welchen Unterschieden wir uns mit dem Traumpartner in der Realität vielleicht aufreiben könnten. Wir stellen uns auch nicht vor, dass der Traumpartner jemand sein könnte, den wir mit der Zeit uninteressant finden könnten oder an dem wir irgendwann feststellen, dass er Interessen und Bedürfnisse hat, mit denen wir nicht einverstanden sind. Denn Interessen und Bedürfnisse, die nicht zu unseren eigenen Vorstellungen passen, halten wir in dieser Idealisierung ja schließlich für nicht existent oder falls es sie doch geben sollten, für falsch oder unberechtigt.

Was wir dabei ganz außer Acht lassen, ist, dass niemand zu hundert Prozent dazu in der Lage ist, für einen anderen Menschen dieser erträumte Idealpartner zu sein. Wir alle sind unterschiedlich. Wir sind keine Traumfiguren. Wir sind nicht perfekt. Wir können nicht ALLES für einen anderen Menschen sein. Wir sind Menschen.

Keiner sieht alles ganz genauso wie ein anderer. Wenn jeder Mensch, der den Erwartungen eines anderen nicht entspricht, ein zu kritisierender, zu verurteilender, schlechter Mensch ist, dann sind wir doch alle zu kritisieren, zu verurteilen und schlecht. Denn wir können auch nicht immer allen Erwartungen der oder des anderen entsprechen. Selbst wenn wir es wollten, wir könnten es nicht. Es geht nicht. Deshalb sind die eigenen Erwartungen nicht besser oder schlechter, als die eines anderen. Sie können unterschiedlich sein. Ja sogar sehr unterschiedlich. Aber jeder Mensch ist so, wie er ist. Die Ursachen sind in unserer Natur und unserer Biografie begründet.

Wir alle denken, fühlen und handeln von Natur aus und aufgrund unserer biografischen Lernerfahrungen graduell unterschiedlich. Was wir von der Natur mitbekommen und innerhalb welcher kulturellen und gesellschaftlichen Strukturen wir unsere Lernerfahrungen machen, können wir uns alle nicht aussuchen. Es ist daher gut, wenn man die soziale Kompetenz entwickeln kann, anzuerkennen, dass wir alle gleichberechtigt sind. Zu dieser Erkenntnis kommen wir aber nicht, wenn wir nur unsere eigenen Erwartungen und Vorstellungen für die einzig wahren, richtigen, berechtigten, ehrenwerten etc. halten. Wir gehen dann davon aus, dass die anderen falsche Erwartungen und Vorstellung haben.

Wie weiter vorne im Buch schon einmal gesagt, ist es sehr heilsam, wenn man sich darüber bewusst wird, dass jeder Mensch die Welt durch eine eigene Brille wahrnimmt und beurteilt. Meine Weltsicht ist für mich genauso wichtig, richtig, bedeutend und wahr, wie deine Weltsicht für dich wichtig, richtig, bedeutend und wahr ist. Die Brillen der anderen anzuerkennen und mit anderen entsprechend respektvoll und gleichberechtigt umgehen zu können, ist ein Zeichen für soziale Kompetenz und Beziehungsfähigkeit. Besitzen Menschen diese sozialen Kompetenzen nicht in ausreichendem Maße, können zwischenmenschliche Beziehungen mit ihnen – ganz gleich ob in Partnerschaft, Freundschaft, Familie oder Bekanntschaft – nur dann funktionieren, wenn sie sich mit Personen umgeben, die entweder sehr vieles ganz genauso sehen wie sie selbst, oder die sich ihren eigenen Erwartungen und Vorstellungen unterordnen. Erstere findet man nur äußerst selten. Letzteren kann man durchaus öfter begegnen, aber eine Beziehung, in der fair, wertschätzend, respektvoll und liebevoll miteinander umgegangen wird, und in der beide glücklich sind, kann unter solchen Konstellationen nicht gelingen.

Aber um nicht zu weit abzuschweifen, soll es nun noch einmal um den Begriff der Überhöhung gehen. Wie schon gesagt, möchte ich den Wunsch nach Treue nicht generell als zu hoch oder überhöht verstanden wissen. Worum es mir geht, ist, Sie dazu zu ermutigen, einmal zu untersuchen, ob Ihr völlig legitimer und berechtigter Wunsch nach Treue vielleicht ein wenig überfrachtet ist, mit zu hohen Ansprüchen und unerfüllbaren Erwartungen. Wer seinen Partner oder seine Partnerin mit zu hohen Idealen überfrachtet, ignoriert, dass diese für einen Menschen unter gewissen Umständen vielleicht gar nicht leistbar sind. Menschen sind keine Maschinen, sondern Wesen mit hochkomplexen, hochkomplizierten, sehr vielfältigen und vielschichtigen Gefühlswelten, Denkstrukturen, Handlungsmustern, Bedürfnissen, Interessen, Stärken, Schwächen etc. Es ist nicht verwunderlich, dass solche hochkomplexen Wesen nicht immer so funktionieren, wie man es gerne hätte!

Ich will die/der Schönste in deinem Leben sein! Hier lohnt es, sich einmal zu fragen, ob dieser Anspruch nicht zu naiv, unrealistisch, zu hoch bzw. zu überhöht ist. Bin ich die schönste Frau, der schönste Mann auf dieser Welt? Gibt es niemanden, den meine Partnerin bzw. mein Partner schöner finden könnte? Glaube ich wirklich, dass man nur geliebt werden kann, wenn man die oder der Schönste für den anderen ist? Glaube ich wirklich, dass es einen anderen Menschen gibt, der nur mich schön finden kann und niemand anderen sonst? Hieße das nicht, dass Liebe und Beziehung nur von der äußeren Erscheinung eines Menschen abhängig wären – von einer reinen Oberflächlichkeit? Und was wäre dann eigentlich mit jenen Menschen, die nicht zu den schönsten dieser Welt gehören? Könnten die dann von niemandem geliebt werden? Oder kann es sein, dass der Anspruch „ich will die Schönste bzw. der Schönste für dich sein" viel mehr mit meinem mangelnden Selbstwertgefühl und anderen psychologischen Defiziten zu tun hat, als mit der Realität? Sind meine diesbezüglichen Ansprüche und Ideale vielleicht zu naiv, unreflektiert, überhöht, einem erwachsenen, psychisch gesunden Menschen nicht angemessen? Sollte ich diesbezüglich vielleicht lieber noch einmal in mich gehen, alles überdenken, meine Gedanken sortieren und alles neu bewerten? Reicht es nicht, wenn ich mein diesbezügliches Ideal wie folgt formulieren würde: „ich möchte, dass du mich schön findest, mir das auch zeigst und es mich auch spüren lässt."

Ich will dass du nur mich begehrenswert findest und sonst niemanden! Auch hier lohnt es, sich einmal zu fragen, ob dieser Anspruch nicht zu naiv, unrealistisch, zu hoch bzw. zu überhöht ist. Bin ich so begehrenswert, dass neben mir alle anderen ihre Reize verlieren und neben mir alt und blass erscheinen? Kann meine Partnerin bzw. mein Partner überhaupt selbst beeinflussen, ob er einen anderen Menschen begehrenswert findet oder nicht? Kann ich selbst das beeinflussen? Oder ist es nicht so, dass ich, weil ich Augen im Kopf habe, einfach nur feststellen kann, was der Anblick eines anderen Menschen in mir auslöst? Gibt es niemanden, den man neben der eigenen Partnerin bzw. dem eigenen Partner begehrenswert finden kann? Glaube ich wirklich, dass man nur geliebt werden kann, wenn es niemanden auf dieser Welt neben mir gibt, den der Partner begehrenswert findet? Glaube ich wirklich, dass es einen anderen Menschen gibt, der nur mich begehrenswert finden kann und niemand anderen sonst? Hieße das nicht, dass Liebe und Beziehung nur von der reinen sexuellen Lust abhängig wären – von einem reinen Trieb? Oder kann es sein, dass der Anspruch „ich will dass du nur mich begehrenswert findest und sonst niemanden" viel mehr mit meinem mangelnden Selbstwertgefühl und anderen psychologischen Defiziten zu tun hat, als mit der Realität? Sind meine diesbezüglichen Ansprüche und Ideale vielleicht zu naiv, unreflektiert, überhöht, einem erwachsenen, psychisch gesunden Menschen nicht angemessen? Sollte ich diesbezüglich vielleicht lieber noch mal in mich gehen, alles überdenken, meine Gedanken sortieren und alles neu bewerten? Reicht es nicht, wenn ich mein diesbezügliches Ideal wie folgt formulieren würde: „Begehrenswert für dich zu sein, ist mir wichtig. Mir ist klar, dass man neben dem eigenen Partner auch andere Menschen begehrenswert finden kann, aber weil mir unsere Liebe und Beziehung wichtig und schützenswert sind, teile ich meine Sexualität nur mit dir und nicht mit anderen! Dasselbe wünsche ich mir von dir!"

Ich will dass du deine freie Zeit nur mit mir verbringst! Dies ist ebenfalls ein Anspruch, von dem viele von uns glauben, ihn mit Recht an den Partner stellen zu können. Wenn wir neben unserem Partner noch Interesse daran haben, uns auch einmal mit anderen Freunden oder Bekannten zu treffen – auch ohne unseren Beziehungspartner – dann wird das bei solch einem überhöhten Anspruch, der häufig etwas mit Angst vor Kontrollverlust zu tun hat, schnell als Beweis dafür formuliert, dass wir unseren Partner nicht interessant genug finden oder ihn nicht genug lieben. Kann es sein, dass der Anspruch „ich will, dass du deine freie Zeit nur mit mir verbringst und nicht mit anderen" ein respektloser Übergriff auf die Persönlichkeit meines Partners ist, weil ich damit völlig seine Interessen und Bedürfnisse ignoriere und beschneide? Hat dieser Anspruch vielleicht viel eher etwas mit meinem mangelnden Selbstwertgefühl und anderen psychologischen Defiziten zu tun, als mit der Realität? Sind meine diesbezüglichen Ansprüche und Ideale vielleicht zu naiv, unreflektiert, überhöht, einem erwachsenen, psychisch gesunden Menschen nicht angemessen? Sollte ich diesbezüglich vielleicht lieber noch einmal in mich gehen, alles überdenken, meine Gedanken sortieren und alles neu bewerten? Reicht es nicht, wenn ich mein diesbezügliches Ideal wie folgt formulieren würde: „ich wünsche mir, dass wir viel gemeinsame Zeit miteinander verbringen, weil ich einfach gerne mit dir zusammen bin und ich mich glücklich fühle, wenn wir gemeinsam etwas unternehmen."

Weitere überhöhte, naive Vorstellungen können sein: wenn du mich wirklich liebst, dann wirst du mich immer lieben; wenn du mich wirklich liebst, dann wirst du immer für mich da sein; wenn du mich wirklich liebst, dann wirst du niemals etwas tun, das mich verletzt; wenn du mich wirklich liebst, dann sind meine Wünsche und Ziele auch deine Wünsche und Ziele etc.

Von den hohen Idealen des Seitenspringers

Idealbilder von Treue haben alle Menschen, die sich Treue als wichtige Grundlage für ihre Beziehung wünschen. Jeder, der sich Treue wünscht, hat eine Vorstellung davon. Sehr häufig sind diese Ideale – zumindest aus meiner Sicht als Paarberater – zu hoch angelegt. Warum sehe ich das so? Die Ideale stammen meines Erachtens nach nicht aus Lernerfahrungen, denen eine intensive Auseinandersetzung mit der Psychologie des Menschen und wissenschaftlichen Erkenntnissen über Liebe und Partnerschaft zugrunde liegen. Unsere Lernerfahrungen basieren wie schon gesagt viel mehr auf romantischen Liebesromanen, verkitschten Liebesfilmen, naiven Liebesliedern, hochtrabenden Liebesgedichten, dem, was man aus Hollywood und ganz im Allgemeinen so darüber hört, und dem, was wir uns selbst noch dazu erträumen. In unseren Köpfen existiert das Bild von der idealen Liebe. Vom Traumpartner. Von jenem Menschen, der alles für uns ist und dem wir alles bedeuten. Das sind die Ideale, die viele Menschen, die sich Treue wünschen, als erstrebenswert und anerkennenswert erlernt und verinnerlicht haben. Wenn zwei Menschen sich für eine monogame Partnerschaft entscheiden, dann haben sie in der Regel diese Ideale.

Vielen Paaren, die sich für eine monogame Paarbeziehung entschieden haben, passiert es leider im Laufe ihrer Beziehung, dass es trotz ihrer hohen Ideale zu einem Fall von Fremdgehen kommt. Das heißt, zwei Menschen mit hohen Erwartungen an Treue machen die Erfahrung, dass es auch anders kommen kann, als man es sich vorgestellt, erhofft, gewünscht und versprochen hat.

Was ich hier versuche zum Ausdruck zu bringen: Auch der Seitenspringer ist ein Mensch, der diese hohen Ideale verinnerlicht hat. Auch wenn es für Außenstehende und umso mehr für den Hintergangenen so aussieht, als sei ihm Treue nicht oder nicht mehr so wichtig, so ist es in Wahrheit dennoch so, dass er die gleichen hohen Ideale von Treue besitzt wie der Hintergangene. Er besaß diese nicht nur vor dem Seitensprung, sondern er besitzt sie in der Regel auch nach dem Seitensprung noch. Aus den bereits im Buch geschilderten Gründen kann es halt einfach unter gewissen Umständen geschehen, dass es anders kommt, als man es sich eigentlich vorgestellt und gewünscht hat. Ich erlebe es fast ausnahmslos in der Beratung, dass mir Seitenspringer Folgendes erklären: „Wissen Sie, Herr Hillmann, wenn nicht ich fremdgegangen wäre, sondern meine Partnerin bzw. mein Partner, dann würde ich ihr bzw. ihm das nie verzeihen."

Daran wird eines ganz deutlich: Diese hohen Ideale sind so überhöht, so tief in uns verwurzelt, so nahe an der Unumstößlichkeit, dass sie in vielen Fällen nicht einmal mehr mit normalem, gesundem Menschenverstand erreicht, hinterfragt und verändert werden können. Selbst der Seitenspringer kann sich nicht vorstellen, seinem Partner im Falle eines Falles einen Seitensprung zu verzeihen. Gleichzeitig fordert er in der Beratung aber genau das vom Hintergangenen ein. Das ist wirklich kein Einzelfall. Es ist wirklich sehr häufig so. Die menschliche Psyche ist tückisch und erfinderisch. Die Fehler des anderen werden immer als schwerwiegender gewichtet, als die eigenen Fehler. Selbst wenn es sich um die gleichen Fehler handelt. Wenn ich fremdgehe, ist das nicht so schlimm. Wenn du fremdgehst, ist das viel schlimmer. Tatsächlich stammen solche Überzeugungen natürlich nicht aus unserem Intellekt, sondern aus unseren Emotionen, die vom Intellekt einfach nicht noch einmal hinterfragt wurden. Es fühlt sich für uns so an, als seien unsere eigenen Fehler weniger schlimm, als jene des anderen. Wenn wir selbst fremdgehen, messen wir diesem Vorfall nicht so viel Bedeutung zu, weil wir wissen, was er für uns bedeutet. Er wirkt auf uns nicht bedrohlich. Ganz im Gegenteil, wir haben ihn vermutlich als wunderbares, erotisches Abenteuer erlebt. Wenn der Partner fremdgeht, sieht das schon anders aus. Wir bekommen Angst, die Kontrolle über unser Leben und den Partner zu verlieren. Das fühlt sich für uns hingegen sehr bedrohlich an. Wir werden mit schmerzenden Gefühlen geradezu überschwemmt. Unser Selbstwert wird beschädigt etc. Wenn wir unsere diesbezüglichen Gefühle nicht intellektuell hinterfragen, ist es kein Wunder, dass wir zu der Überzeugung kommen, der Seitensprung des Partners sei schlimmer als jener, den wir selbst zu verantworten haben. Finden Sie das nicht auch paradox, bedenklich oder zumindest beachtenswert?

Ich möchte hier gerne deutlich machen, wie schwer es ist, solche hohen, fest in uns verankerten Ideale zu hinterfragen und neu zu bewerten. Wenn es nicht gelingt, sich gegen alle inneren Abwehr-, Vermeidungs- und Verteidigungsautomatismen durchzusetzen und sich die Freiheit zu gestatten, feste Überzeugungen zu hinterfragen und die Bereitschaft zu entwickeln, diese gegebenenfalls über Bord zu werfen und durch neue zu ersetzen, dann kann das weder zu Vergebung führen, noch kann Vertrauen zurückgewonnen werden. Die große Aufgabe, festgefahrene Überzeugungen in Frage zu stellen, muss bewältigt werden. Diese schwierige geistige Leistung ist zu erbringen. Andernfalls kann ein Seitensprung nicht überwunden werden. Von selbst können solche großen Wunden, die aus fest in uns verankerten Überzeugungen resultieren, nicht verheilen. Es ist eine geistige Leistung. Diese zu erbringen, halte ich für unumgänglich! Zumindest dann, wenn am Ende nichts von der Verletzung und Enttäuschung übrigbleiben soll. Denn wenn etwas davon zurückbleibt, wird es für den Rest des gemeinsamen Lebens trennend zwischen beiden Beziehungspartnern stehen und die Qualität, Intensität und Stabilität der Beziehung immer in irgendeiner Form beeinträchtigen.

Was für ein Mensch ist ein Seitenspringer?
Wenn der Partner fremdgegangen ist, kommt es dem Hintergangenen häufig so vor, als würde er nun das wahre Ich seines Gegenübers kennenlernen. So, als zeigte der Seitenspringer nun erstmals sein wahres Gesicht. So, als sei alles andere, was man bereits gemeinsam erlebt hat, von Anfang an nur Schauspielerei gewesen. So, als hätte er es von Beginn an nicht wirklich ernst gemeint. So, als sei ihm immer schon klar gewesen, dass er nicht treu sein kann. So, als wäre alles von Anfang an nur gelogen gewesen. So, als wäre alles bisher gemeinsam Erlebte und Erschaffene umsonst geschehen. Es fühlt sich so an, als sei man damals, als man sich für eine Beziehung mit diesem Menschen entschloss, auf einen charakterlosen Betrüger hereingefallen, der einen von Beginn an nur belogen hat.

Aber kann man das tatsächlich so oder so ähnlich sehen? Ist das tatsächlich wahr, was man da alles so über den Seitenspringer denkt? Nun, vermutlich gibt es wirklich Männer und Frauen in monogam angelegten Beziehungen, die wissen, dass ihnen nichts im Leben wichtiger ist, als heiße, heimliche, erotische Erlebnisse. Und wahrscheinlich haben diese sich auf ihre Beziehung eingelassen, obwohl sie genau wussten – oder es zumindest für wahrscheinlich hielten – dass sie die Erfüllung nicht bei einem einzigen Menschen finden können und von Anfang an vorhatten, fremdzugehen.

ABER die Zahl derjenigen, die von Anfang an wissen, dass es mit der Einhaltung der Treue wahrscheinlich schwierig werden wird, halte ich aufgrund meiner Erfahrung als Paarberater für verschwindend gering. In der Regel ist es so, dass zwei ineinander verliebte Menschen das Gefühl haben, dem Menschen begegnet zu sein, mit dem sie immer zusammenbleiben und dem sie immer treu sein möchten. Es fühlt sich alles so wunderbar an, sodass man nicht davon ausgeht, dass dieses wunderbare Glück wieder vergehen könnte. Beide sind sich ihrer Gefühle und Vorstellungen sicher. Dass eine erwachsene, reflektierte, tragfähige Liebe, die sich von wechselseitiger Anerkennung, Wertschätzung, Gleichberechtigung und Empathie nährt, etwas anderes ist, als die Verliebtheit am Beginn einer Beziehung, ist vielen von uns jedoch nicht wirklich bewusst. Ich bin mir sicher, dass es in den allermeisten Fällen nicht so ist, dass Fremdgehen ein Beweis dafür ist, dass Seitenspringer es von Anfang an nicht ehrlich gemeint haben und alles nur Schauspielerei war. Ein Seitenspringer ist kein Mensch, dem man von Anfang an hätte besser nicht vertrauen sollen. Und er ist auch durch den Seitensprung noch lange nicht zu einem Menschen geworden, dem man ab sofort besser nicht mehr vertrauen kann. Er ist noch genau derselbe Mensch, der er vorher auch war. Wenn er vor dem Seitensprung positive, liebenswerte, schätzenswerte Eigenschaften und Stärken besaß, so besitzt er diese auch danach noch. Die weniger positiven, weniger liebenswerten und weniger schätzenswerten Eigenschaften und Schwächen, die er vorher schon besaß, werden dadurch nicht noch negativer. Wir alle haben unsere Stärken und Schwächen. Das ist nicht ungewöhnlich und auch nicht zu verurteilen. Was für ein Mensch ist also ein Seitenspringer?

Als Paarberater möchte ich sagen: Er ist ein ganz normaler Mensch, der im Wirrwarr seiner Gefühle und Bedürfnisse die Übersicht und Kontrolle verlor und einen Fehler beging. Das muss aber noch lange nicht bedeuten, dass er seinen Partner nicht mehr liebt, den Wert der Beziehung nicht mehr schätzt oder künftig immer fremdgehen möchte. Ein Seitenspringer ist ein Mensch, der in einer Beziehung lebt, in der es zumindest für ihn selbst in irgendeiner Form einen Mangel an erfüllten Bedürfnissen geben muss. Wenn es nach einem Seitensprung nicht gelingt, diesen Mangel aufzudecken, sich füreinander zu interessieren, aus dem Zwischenfall zu lernen, sich in aller Offenheit und Ehrlichkeit der Realität zu stellen, wieder aufeinander zuzugehen und die Beziehung auf ein neues Fundament zu stellen, kann der zugrundeliegende Mangel sich mit der Zeit noch um ein Vielfaches vergrößern. Man wird sich entweder trennen oder in einer Beziehung miteinander weiterleben, die von Misstrauen und Kontrollzwängen beschattet wird.

Was für ein Mensch ist ein Hintergangener?

Meiner Paarberatungs-Erfahrung nach gehe ich davon aus, fast jedem Menschen kann es unter bestimmten Umständen passieren, dass sich unerfüllte Bedürfnisse bei einer sich bietenden Gelegenheit auch mal außerhalb der Beziehung Erfüllung suchen. Ein Seitensprung wird zwar in der Regel zu einer rein sexuellen Verfehlung degradiert, in Wahrheit geht es aber gerade dann, wenn er in einer langjährigen Beziehung passiert, oft nicht vordergründig um die sexuelle Befriedigung. Beim Sex wird hier ganz nebenbei der Mangel ausgeglichen, an dem vielerlei Bedürfnisse leiden. Diese können beispielsweise sein: Bedürfnisse nach Akzeptanz, Anerkennung, Gesehen-Werden, Gehalten-Werden, Begehrt-Werden, Nähe, Wertschätzung, Empathie, Geborgenheit, Verständnis, als Mann bzw. als Frau wahrgenommen zu werden, Selbstwert, Lebensfreude, Abenteuerlust etc.

Bei welcher Gelegenheit lässt sich die Erfüllung all dieser wichtigen menschlichen Bedürfnisse auf einen Schlag schneller erreichen, als bei einem Seitensprung? Zurück zu der Frage: Was für ein Mensch ist der Hintergangene? Ich möchte an dieser Stelle einfach mal frech behaupten: Der Hintergangene ist genauso ein Mensch, wie der Seitenspringer auch ein Mensch ist. Auch ihm hätte passieren können, was dem Seitenspringer passiert ist. Ich behaupte das deshalb, weil ich das – wie weiter vorne schon erwähnt – sehr oft in meinen Beratungen so von meinen Klienten geschildert bekam. Sehr häufig kann der Seitenspringer selbst nicht begreifen, wie er zu seinem Fehltritt fähig war. Auch er glaubte bis zu dem Zeitpunkt als es geschah fest daran, dass er zu solch einer Verfehlung niemals fähig sein würde. Er oder sie hätte niemals gedacht, dass so etwas passieren könnte. Hätte man ihm oder ihr vorhergesagt, dass es einmal passieren würde, wäre das empört verneint worden! Für solch einen Menschen hielt man sich bis zu dem Tag als es dann passierte einfach nicht!

Ich möchte mit diesen Zeilen hier an dieser Stelle nur noch einmal versuchen zu verdeutlichen, dass ich es für unangemessen halte, den Seitenspringer zum bösen, gemeinen, unmoralischen, vertrauensunwürdigen Menschen zu degradieren und den Hintergangenen dabei automatisch zum guten und besseren Menschen zu machen. Ich glaube, in Wahrheit sagt es nichts über den Charakter oder die persönlichen Qualitäten eines Menschen aus, ob ihm einmal ein Seitensprung passierte oder nicht.

Von wechselseitigem Verständnis füreinander
Die Frage, warum es so wichtig ist, in der ganzen Angelegenheit Verständnis füreinander zu entwickeln, erübrigt sich im Grunde von selbst. Denn bei allem, worüber wir mit einem anderen Menschen in Streit geraten, und bei allen Problemen, die wir mit einem anderen haben können, geht es immer um Verständnis. Jeder möchte verstanden werden. Das ist tatsächlich immer so. Und dort, wo wir kein Verständnis für den anderen haben – sein Denken, Fühlen oder Handeln nicht respektieren – haben wir ein Problem. Es geht doch nie um irgendetwas anderes, als dass man sich wünscht, verstanden zu werden. Wir reden miteinander, bringen Argumente, Erklärungen und Entschuldigungen vor, wir steigern uns in einen respektlosen Streit und alles nur mit dem Ziel, endlich verstanden zu werden. Wir alle denken, handeln und fühlen unterschiedlich, weil wir alle unterschiedliche Bedürfnisse,

Meinungen, Gefühle, Interessen, Wünsche, Begehren, Fähigkeiten, Unfähigkeiten, Eigenschaften, Talente, Stärken, Schwächen, Ängste und Defizite haben. Für alles, was wir denken, fühlen und tun haben wir deshalb auch unsere Gründe. Auch wenn wir manchmal Dinge tun, die wir anschließend bereuen oder im Nachhinein selbst nicht gut oder richtig finden, so ist unser Denken, Fühlen und Handeln immer das Ergebnis unserer momentanen mentalen, psychischen, seelischen, körperlichen und sonstigen Kompetenzen und Befindlichkeiten. Für uns macht unser Denken, Fühlen und Handeln in dem Moment irgendwie Sinn. Und falls es keinen Sinn macht, dann gab es trotzdem Gründe, weshalb wir nicht fähig waren, anders zu denken, zu fühlen oder zu handeln. Und natürlich ist es auch bei einem Seitensprung so, dass beide sich wünschen, verstanden zu werden. Der Hintergangene wünscht sich, in seinem Schmerz und seiner Enttäuschung verstanden zu werden. Aber auch der Seitenspringer hatte Gründe für sein Handeln. Das, was er tat, hatte mit seinen Bedürfnissen, Befindlichkeiten und Schwächen zu tun und deshalb möchte auch er verstanden werden.

Der Seitenspringer versteht in der Regel, dass sein Verhalten falsch war sowie schmerzhaft und enttäuschend für den anderen ist. Der Hintergangene hingegen empfindet es geradezu als Zumutung für das Verhalten des Seitenspringers auch noch Verständnis aufbringen zu sollen. Der Hintergangene ist viel mehr sogar noch davon überzeugt, dass ein Seitensprung unverzeihlich ist. Verständnis ist oft das Letzte, was er dafür aufbringen möchte. Nein, ganz im Gegenteil, häufig signalisiert er dem Seitenspringer alles andere als Verständnis. Aber auch dafür hat der Seitenspringer in der Regel sogar Verständnis, denn es scheint ihm schließlich nicht verwunderlich, dass der Hintergangene in seiner Überforderung nicht dazu imstande ist, für ihn Verständnis aufzubringen. Zumindest kann der Seitenspringer dieses Verständnis für den Hintergangenen eine gewisse Zeit lang aufbringen. Irgendwann hat er aber dann auch das Gefühl, genug Anschuldigungen und Anfeindungen gehört zu haben. So sind beide Beteiligten häufig in einer unerträglichen Situation. Der Hintergangene ist voller Wut, Schmerz, Verzweiflung, Trauer, Angst und anderen heftigen negativen Gefühlen. Der

Seitenspringer befindet sich vielleicht noch in einem Zustand der Verwirrung, weil er nicht mehr weiß, was er will. Will er die Beziehung zum langjährigen Partner noch oder nicht? Und wenn er weiß, dass er in der gemeinsamen Beziehung bleiben möchte, weiß er nicht, ob der andere das jetzt noch will. Auch sein Schmerz, seine Verwirrung und seine Überforderung sind daher häufig schier unerträglich. Für seinen Schmerz bringt aber häufig nicht nur der Hintergangene kein Verständnis auf, sondern oft ist es so, dass es niemanden aus dem näheren familiären Umfeld gibt, der für sein Verhalten Verständnis aufbringen will. Es ist eher das Gegenteil der Fall: Er soll für das, was er getan hat, nicht auch noch Verständnis entgegengebracht bekommen, sondern er soll sich schuldig und schlecht dafür fühlen.

Das Fatale an der ganzen Geschichte ist aber: Die Lösung aller partnerschaftlichen Probleme liegt nun einmal immer darin begründet, Verständnis für etwas zu haben. Denn wie schon gesagt, Probleme entstehen immer dort, wo man für das Denken, Fühlen oder Handeln eines anderen kein Verständnis hat – dort, wo man Unterschiede im Denken, Fühlen und Handeln nicht respektiert oder akzeptiert. Erst wenn man aufeinander zugeht, wenn man sich für den jeweils anderen interessiert, wenn man sich gegenseitig den Raum zur Verfügung stellt, in dem jeder offen und ehrlich alles aussprechen und von sich zeigen darf, wenn es möglich wird jenseits aller Erwartungen, Ansprüche, Vorwürfe und Vorurteile, sich miteinander respektvoll, interessiert und verständniswillig auszutauschen, dann kann das dabei gewonnene Verständnis den Weg zu einer Lösung ebnen. Nur nochmal zur Erinnerung: Verständnis für etwas zu haben, muss nicht bedeuten, etwas gutzuheißen. Es heißt nur, dass man versteht, warum etwas so ist wie es ist!

Was macht dieser Textabschnitt mit Ihnen? Hat das soeben Gelesene Sie eher wütend und fassungslos gemacht? Oder konnten Sie sich für den einen oder anderen Gedanken ein wenig öffnen, sodass es irgendetwas Positives in Ihnen bewirkt oder zumindest angestoßen hat? Ob Sie sich eher schnell, langsam oder gar nicht für das, was es in diesem Buch zu lesen gibt, öffnen können, hängt meiner Erfahrung nach und wie bereits gesagt, von zwei Dingen ab. Einerseits davon, mit welchen natürlichen Bedürfnissen und Anlagen Sie geboren wurden. Andererseits zu einem ganz großen, entscheidenden Teil davon, was Sie an gelernten Überzeugungen verinnerlicht und als gut, richtig und wahr abgespeichert haben. Alles noch einmal aus einer anderen Perspektive heraus zu betrachten, sich einmal Gedanken über das zu machen, was Sie im Laufe Ihres Lebens als gut, richtig und wahr anzuerkennen gelernt haben, und zu überprüfen, ob Sie manches vielleicht auch anders sehen und bewerten können, dafür habe ich dieses Buch geschrieben. Zur Lösung Ihres Problems gelangen Sie meiner Erfahrung nach nur dann, wenn es Ihnen gelingt, manches anders zu sehen, als Sie es jetzt gerade tun. Ja, wenn es Ihnen gelingt, für das, was Sie aktuell nicht verstehen und vielleicht auch noch nicht verstehen wollen oder können, irgendwann doch noch Verständnis zu entwickeln.

Nochmal Achtung: Verständnis zu haben, heißt wirklich nicht, dass man etwas gutheißen muss, was man nicht gutheißt oder was vielleicht sogar einfach nicht gutzuheißen ist. Es heißt nur, dass man bereit ist zu verstehen, wie das, was geschehen ist, geschehen konnte, bzw. warum etwas so ist, wie es ist. Alles und jeder ist zu verstehen. Ein Mord, ein Banküberfall und welche schlimmen Verbrechen auch immer, sind nicht gutzuheißen, aber der jeweilige Täter hatte seine Gründe dafür. Für diese kann man sich interessieren und wenn man das tut und alle Beweggründe in Erfahrung bringen kann, versteht man, wieso, weshalb, warum geschehen ist, was geschehen ist. Die Tat wird dadurch nicht besser und sie wird dabei auch nicht entschuldigt, aber man hat sich für die Beweggründe interessiert und es wurde möglich zu verstehen, wie es dazu kommen konnte. Man musste nur alle dafür nötigen Informationen bekommen. Solange man diese nicht hat, fällt es schwer, Verständnis zu entwickeln. Aber selbst wenn man nicht alle nötigen Informationen zu einer bestimmten Angelegenheit bekommen kann, so kann man sich einer Sache immer sicher sein: Es gibt die Informationen, die zum Verstehen dieser Angelegenheit notwendig wären. Ob wir sie nun in Erfahrung bringen können oder nicht, es gibt sie. Für jede Angelegenheit gibt es Gründe. Also können wir uns doch immer bewusst machen, dass wir verstehen würden, wenn wir alle dafür nötigen Informationen hätten. Auch wenn wir die Informationen nicht haben, können wir also zu uns sagen: „Wir kennen die Gründe zwar nicht, aber wir wissen, dass es Gründe gibt." Ohne wirklich zu verstehen, können wir dann verstehen, dass es so ist, wie es ist. Mit anderen Worten: Wir verstehen den anderen ohne seine wahren Beweggründe zu kennen. Häufig verstehen wir unser Denken, Fühlen und Handeln ja selbst nicht. Da ist es doch kein Wunder, wenn man nicht immer alle Informationen in Erfahrung bringen kann und man mit dieser Wissenslücke leben muss. Das Fatale an Wissenslücken ist leider immer, dass wir uns über sie nicht wirklich bewusst werden. Wir füllen unbewusst unsere Wissenslücken mit unseren Gefühlen, Vorstellungen, Hoffnungen und Erwartungen auf.

Wenn wir uns beispielsweise über jemanden ärgern, beschert uns dieses unangenehme Gefühl automatisch negative Gedanken über die betreffende Person. Schnell fällen wir unsere Urteile über diesen Menschen. Tatsächlich kommen wir zu diesen Urteilen aber nicht, weil wir umfassendes Wissen über die betreffende Person besitzen und uns ausreichend Gedanken über sie gemacht haben, sondern nur weil unser Gefühl diese negativen Urteile automatisch aus unserer Verärgerung ableitet. Gefühle werden uns schneller bewusst, als wir uns über sie Gedanken machen können. Gefühle – ob nun positive oder negative – nehmen dann ganz schnell in unseren Wissenslücken Platz. Häufig halten wir die aus unseren Gefühlen abgeleiteten Urteile für wahr, weil wir gar nicht mehr auf die Idee kommen, noch einmal über alles gründlich nachzudenken.

Um nun noch einmal auf die eigentliche Frage zurückzukommen: Warum ist es so wichtig, Verständnis füreinander zu entwickeln? Alle Probleme, die wir miteinander haben können, basieren in ihrem Kern letztlich immer darauf, dass Unterschiede im Denken, Fühlen und Handeln nicht als gegeben und zu jedem selbst gehörend respektiert werden. Die Lösung aller Probleme liegt folglich immer darin, füreinander Respekt zu entwickeln, Unterschiede anzuerkennen und sich zu einigen. Damit das möglich werden kann, brauchen wir das nötige Interesse aneinander. Wenn wir uns für den anderen interessieren, uns für sein Denken, Fühlen und Tun öffnen, wird es möglich, Verständnis zu entwickeln – für seine Stärken und seine Schwächen. Ohne

Verständnis füreinander zu entwickeln – und sei es nur, dass man versteht, dass der andere nun mal so ist, wie er ist, dass er nun mal getan hat, was er getan hat, oder dass er einfach so ganz anders ist, als man sich das wünscht – können zwei Menschen nicht respektvoll, gewaltfrei, gleichberechtigt, empathisch (sozial kompetent) miteinander umgehen, geschweige denn Lösungen für ihre Probleme finden. Die Lösung liegt nicht darin begründet, dass der andere sich an unsere eigenen Vorstellungen anpasst oder uns Recht gibt, sondern darin, dass wir einander als die Menschen anerkennen, die wir sind. Auch wenn wir so manche Macken, Fehler und Defizite haben. Im Kern geht es bei allen Streitigkeiten, Problemen und auch bei jedem anderen ganz normalen Gespräch doch immer nur um eines! Es geht um die große Sehnsucht, verstanden, respektiert und anerkannt zu werden! Ob man etwas richtig oder falsch gemacht hat, spielt dabei keine Rolle.

Seitenspringer und Hintergangener brauchen Zeit
Wenn Paare wegen eines Seitensprungs zu mir kommen, ist es häufig so, dass der Hintergangene glaubt, das Wichtigste, was geklärt werden müsse, sei, dem Seitenspringer klarzumachen, was er Schreckliches getan hat. Auch hofft der Hintergangene, dass es irgendwie möglich wird, dem Seitenspringer irgendwann wieder vertrauen zu können. Auch wenn er sich zu dem Zeitpunkt meistens nicht vorstellen kann, wie das überhaupt möglich werden soll. Der Seitenspringer soll verstehen, was er angerichtet hat und alles bereuen. Er soll glaubhaft versichern, dass so etwas nie wieder vorkommt. Der Hintergangene sehnt sich nach dieser Sicherheit. Er will sich sicher sein, dass er so etwas nie wieder erleben muss. Er möchte wieder vertrauen können. Auch möchte er, dass dem Seitenspringer in der Beratung ganz klar seine Schuld bescheinigt wird. Erst wenn dies alles erreicht wurde, so denken viele häufig, könne eventuell alles wieder gut werden. Erst dann könne man über Entschuldigung und Vergebung nachdenken. Das ist zwar mehr als verständlich, denn die Verletzungen, Verwirrungen, Unsicherheiten und Ängste des Hintergangenen sind schließlich immens. Jeder, der das schon einmal erlebt hat, weiß das. Leider ist das häufig weder ganz so einfach hinzubekommen, noch wäre das Problem dadurch wirklich gelöst.

Warum ist das nicht ganz so einfach? Auch der Seitenspringer kann sich aktuell noch in einem Zustand der Verletzung, Verwirrung, Unsicherheit und Angst befinden. Er ist unter Umständen noch gar nicht in der Lage, den Wünschen und Anforderungen des Hintergangenen zu entsprechen. Vielleicht weiß er noch nicht, wen oder was er sich für die Zukunft wünscht. Oder vielleicht weiß er sogar schon, dass ihm seine Beziehung zum langjährigen Partner viel bedeutet und er in der Beziehung bleiben möchte. Aber vielleicht sind seine Gefühle in Bezug auf die dritte Person im Bunde trotzdem noch in Verwirrung. Das heißt, er befindet sich eventuell noch in einem Zustand, in dem er sich zwar gerne für den langjährigen Partner entscheiden möchte, seine Gefühle sich aber noch in Aufruhr befinden. Sein Fühlen ist dann noch nicht so weit wie sein Denken. Er hat sich von der dritten Person vermutlich noch nicht oder noch nicht vollumfänglich emotional lösen können. Das mag schmerzhaft für den Hintergangenen sein. Aber auch wenn das von dem Hintergangenen wie ein weiterer Schlag ins Gesicht empfunden wird, weil er nichts anderes will, als dass der Seitenspringer endlich zur Besinnung kommt, seinen Fehler begreift, alles wieder gut macht und Reue zeigt, so ist es dennoch die Realität. Es ist so wie es ist. Die Realität ist nicht das, was wir uns wünschen, sondern das, was ist.

Die Gefühle, die in uns Menschen vorhanden sind und die wir in uns spüren, sind zunächst einmal da. Wir können sie nicht einfach abschalten. Auch dann nicht, wenn man es von uns verlangt, und selbst dann nicht, wenn wir diese Gefühle selbst nicht mehr haben wollen. Zunächst muss unser Verstand ganze Arbeit leisten und mit aller Willenskraft dafür sorgen, dass Gefühle sich mit der Zeit dementsprechend verändern können. Wir müssen zunächst einmal begreifen, was gut und richtig für uns ist, aber wir müssen noch darauf warten, dass unsere Gefühle sich unserem Willen anpassen. Auch wenn es dem Hintergangenen schwerfällt und es ihm quasi wie eine Zumutung vorkommen muss, hierfür Verständnis zu haben, so ist die Realität dennoch so wie sie ist. Und wer diesen Ist-Zustand der Realität nicht anerkennt, kann ihn auch nicht verändern und somit keine neue Realität gestalten.

Warum wäre das Problem damit noch nicht gelöst? Selbst wenn der Seitenspringer den Zustand der Verwirrung bereits hinter sich hat, er sich nichts sehnlicher wünscht, als die Beziehung mit dem Partner fortführen zu können, er alles wieder gut macht, Reue zeigt, und der Partner ihm seinen Fehltritt verzeiht, ist damit ja noch nicht alles gewonnen. Die unerfüllten Bedürfnisse, die zum Seitensprung geführt haben, sind damit ja noch lange nicht aufgedeckt und zielführend besprochen worden. Und ob das Vertrauen des Hintergangenen dabei tatsächlich ganz und gar zurückgewonnen wird, ist genauso ungewiss. Ich halte es daher für mindestens genauso wichtig, wenn nicht sogar für viel wichtiger, sich für die Gründe, die zu einem Seitensprung führten, zu interessieren. Es sollte offen und ehrlich darüber gesprochen werden, was einem in der Beziehung fehlt. Nach Lösungen, wie man künftig glücklicher miteinander leben kann, sollte man gemeinsam suchen.

Was uns fehlt, können wir uns alle nicht aussuchen, wir können nur in uns hineinspüren und feststellen, was da ist und was uns fehlt. Dafür sind wir nicht schuldig zu sprechen. Auch dann nicht, wenn es für den anderen unerfreulich ist. Wer einen Seitensprung aufarbeiten und überwinden möchte, ist daher meiner Meinung nach gut beraten, wenn er damit aufhört, die Schuldfrage klären zu wollen, denn das ist hierbei nicht zielführend. Selbst wenn es gelingt, den Seitenspringer als den alleinigen Schuldigen zu identifizieren und der Seitenspringer die ganze Schuld bereitwillig auf sich nimmt, hat man dadurch nichts erreicht, was die Basis der Beziehung wirklich stärken könnte. Man hätte dann eine Basis, bei der man völlig ignoriert, dass es für den Seitensprung Ursachen gab, die darin gründeten, dass unerfüllte Bedürfnisse existierten, über die nicht offen, ehrlich, respektvoll, anerkennend und zielführend gesprochen werden konnte, und über die dann vermutlich auch in Zukunft nicht gesprochen wird. Kurz gesagt: Man hat <u>bestenfalls</u> die gleiche Basis wie vor dem Seitensprung. Eine Basis, die in irgendeiner Form nicht ausreichte und vermutlich auch künftig nicht ausreichen wird, dass die wesentlichen menschlichen Bedürfnisse genügend Erfüllung finden und sich Zufriedenheit und Glücksgefühle einstellen können. Eine Basis, an der nicht einer von beiden schuld ist, sondern an der beide Partner gleichermaßen beteiligt sind. An Unterschieden im Denken, Fühlen und Handeln ist nicht einer von beiden schuld. Es sind immer beide Beteiligten zu gleichen Teilen daran beteiligt. Wenn einer Schwarz will und einer Weiß, mag das für den jeweils anderen ärgerlich oder sogar schmerzhaft sein, aber keiner von beiden ist mehr oder weniger an diesem Unterschied beteiligt als der andere. Die Differenz vom Standpunkt des Partners A zum Standpunkt des Partners B ist genauso groß, wie die Differenz vom Standpunkt des Partners B zum Standpunkt des Partners A. Das ist zumindest dann so zu sehen, wenn man voraussetzt, dass sich beide Partner als gleichberechtigte, autonome Individuen betrachten und keiner von beiden meint, er sei der Wichtigere, Berechtigtere, Bedeutendere etc. Das hätte dann nämlich nichts mit Gleichberechtigung zu tun!

Um einen Seitensprung bewältigen zu können, halte ich daher Folgendes für ganz besonders wichtig: Zu Beginn dürfen sich die verletzten Gefühle natürlich ungebremst entladen. Das heißt, der Hintergangene darf schimpfen, schreien, Vorwürfe machen, Schuld zuweisen und alles tun, womit er seiner Wut, Verletzung und Enttäuschung Erleichterung verschaffen kann. Bei solch einer immensen Verletzung muss einfach alles erlaubt sein (natürlich abgesehen von Gesetzeswidrigkeiten). Kaum jemand wird zu Beginn nüchtern und sachlich mit einem Seitensprung umgehen können. Aber auch der Seitenspringer befindet sich in dieser Ausnahmesituation und ist häufig kaum dazu in der Lage, sich nüchtern und sachlich zu artikulieren. Auch wenn dafür kaum jemand Verständnis aufbringen will und kann, geht es ihm dennoch in der Regel schlecht. Zudem muss er sich noch die Anschuldigungen und Vorwürfe des Hintergangenen anhören. Diese bekommt er zwar nachvollziehbarerweise vorgehalten und es soll hier auch nicht der Eindruck entstehen, als sollte man ihm diese ersparen, aber dennoch verbessern diese seine Befindlichkeit natürlich nicht.

Noch einmal in anderen Worten: Es ist normal und fast gar nicht anders denkbar, dass der Hintergangene beim Aufdecken des Seitensprungs nicht in der Lage ist, Verständnis für das Verhalten des Seitenspringers aufzubringen und nüchtern und sachlich über alles zu reden. Das wäre wirklich zu viel erwartet und jeder kann das nachvollziehen. Es ist aber auch normal, dass der

Seitenspringer in dieser Zeit ebenso in einer Überforderung steckt oder zumindest noch stecken kann und kaum dazu in der Lage ist, das Verständnis und die Kraft für die nun an ihn gestellten Anforderungen und Erwartungen aufzubringen. Auch er muss zunächst einmal seine Gefühle und Gedanken sortieren. Auch er muss mit seiner inneren Katastrophe klarkommen. Häufig wird vom ersten Moment an von ihm erwartet, hier und jetzt mit der Sache abzuschließen. Wenn das noch nicht geschehen ist, soll er den Kontakt zum Dritten sofort abbrechen. Diesen nie wieder sehen, nie wieder mit ihm sprechen und schon gar nicht noch einmal berühren. Dieser Anspruch des Hintergangenen ist mehr als nachvollziehbar. Es scheint ihm mehr als selbstverständlich, dass seinem Wunsch sofort zu entsprechen ist. Leider sieht die Realität häufig anders aus.

Solange sich der Seitenspringer emotional noch nicht oder noch nicht ganz aus den emotionalen Verstrickungen zum Dritten gelöst hat, ist es ihm kaum möglich, mit der von ihm erwarteten Härte gegen den Dritten vorzugehen. Es fällt natürlich schwer, das zu verstehen, dennoch ist es so, dass wenn zwischen dem Seitenspringer und der dritten Person noch eine emotionale Verbindung existiert, lässt sich diese nicht einfach per Knopfdruck ausschalten. Dem Hintergangenen mag das ungeheuerlich erscheinen, aber nur weil man für das Leid eines anderen kein Verständnis aufbringen kann, heißt das nicht, dass es dessen Leid nicht gibt. Zwischen dem Seitenspringer und dem Dritten existiert oder existierte eine Beziehung. Eine Beziehung, die zumindest eine gewisse Zeit lang vermutlich eine große emotionale Bedeutung für beide Beteiligten hatte. Also kann die Trennung, die zwischen Seitenspringer und der dritten Person stattfinden soll, häufig auch nur mit größten Trennungsschmerzen vollzogen werden. Der Seitenspringer steckt in einer Zwickmühle. Er möchte dem Partner keine weiteren Demütigungen und Schmerzen mehr zumuten und sein Vertrauen wieder zurückgewinnen. Dem Dritten will er aber auch kein Leid zufügen. Gibt er dem Wunsch des Partners nach, die Verbindung sofort abzubrechen, stößt er der dritten Person damit vor den Kopf und fügt dieser womöglich schwere Schmerzen zu. Trifft er sich stattdessen noch einmal zu einem klärenden persönlichen Gespräch, wo er dem Dritten erklären kann, warum er sich auf die Beziehung zum Lebenspartner zurückbesinnt, mutet er dem Lebenspartner erneute Qualen zu. Jeder kann sich denken, dass es bei einem letzten klärenden Gespräch, wo der Seitenspringer sich der dritten Person erklärt und sich von ihr verabschiedet, zu Tränen, Schwächeanfällen, Umarmungen und vielleicht auch noch ein letztes Mal zu mehr kommen kann. Der Seitenspringer sitzt in der Klemme. Er leidet unter Umständen Höllenqualen. Eigentlich ja ein Zeichen dafür, dass er kein charakterloser, herzloser, unehrlicher Mensch ist, dem es egal ist, wenn er irgendjemandem Schaden zufügt. Für seine Gefühle und Verwirrungen hat jedoch kaum jemand aus dem näheren Familienkreis Verständnis. Es ist geradezu so, als gäbe es da auch nichts zu verstehen. So, als habe er etwas ganz Schlimmes und Schlechtes getan und damit basta. Was solle man da noch mehr verstehen!? Aber immer wenn Menschen etwas tun, haben sie dafür Gründe. Gründe, die in ihren natürlichen und erlernten Bedürfnissen begründet liegen. In ihren menschlichen Bedürfnissen, die dem menschlichen Leben dienen.

Unser Handeln liegt immer und ausnahmslos in unseren Bedürfnissen begründet. Alles Denken und Tun hat daher psychologisch betrachtet, einen natürlichen, lebensdienlichen und daher positiven Ursprung. Wie schon an anderer Stelle im Buch gesagt, ist die Schwierigkeit nur die, dass wir für die Erfüllung unserer ausnahmslos positiven, lebensdienlichen Bedürfnisse im Wirrwarr unseres Denkens und Fühlens nicht immer auch Erfüllungsstrategien finden, die entsprechend gut, gerecht, passend, respektvoll, angemessen und im positiven Sinne zielführend sind. Warum das häufig so schwierig ist, habe ich weiter vorne im Buch bereits versucht deutlich zu machen. Es ist daher für die Bewältigung eines Seitensprungs erforderlich, sich nach einer gewissen Zeit, wenn die überflutende Welle der Emotionen etwas abgeklungen ist, der Realität zu stellen. Es ist dringend zu empfehlen, damit aufzuhören, die Schuldfrage klären zu wollen. Es gibt einfach nur zwei Personen, die beide in irgendeiner Form an dem Geschehenen beteiligt sind.

Aus der jeweils eigenen Perspektive heraus betrachtet, neigen wir alle dazu, den eigenen Bedürfnissen mehr Bedeutung beizumessen, als jenen des anderen. Das liegt daran, dass uns die eigenen Bedürfnisse einfach präsenter und näher sind als jene des anderen. Unsere Bedürfnisse und unsere Weltsicht kennen wir und wir halten sie für berechtigt, gut und wahr. Die Bedürfnisse und Weltsicht des anderen kennen wir nicht vollumfänglich. Wenn sie von unserer Sicht der Dinge abweichen, haben wir häufig den Eindruck, als seien die Bedürfnisse und die Weltsicht des anderen nicht berechtigt, nicht gut und nicht wahr oder zumindest nicht so wichtig. Es ist dann für uns so, als zählten unsere Bedürfnisse mehr, als jene des anderen. Wir merken dann nicht, dass uns das nur so vorkommt, weil uns das Wissen über die Bedürfnisse des anderen fehlt. Was das Denken, Fühlen und Handeln des anderen betrifft, haben wir dann eine Wissenslücke. Wie bereits geschildert, bemerken wir Wissenslücken sehr häufig nicht, weil wir sie mit eigenen Gefühlen oder Erwartungen, Wunschvorstellungen etc. auffüllen.

Und mal nebenbei gefragt: Wer wäre denn eigentlich schuldig zu sprechen, wenn der Hintergangene das Vertrauen zu seinem Partner nicht mehr herstellen will und kann? Wäre dann der Seitenspringer Schuld, weil das Vertrauen ja erst gar nicht verlorengegangen wäre, wenn er seinen Fehler nicht begangen hätte? Oder wäre der Seitenspringer deshalb Schuld daran, dass der Hintergangene kein Vertrauen mehr herstellen kann, weil er es tatsächlich auch gar nicht verdient, dass ihm wieder Vertrauen entgegengebracht wird, weil er vielleicht gar nicht vorhat, künftig treu zu sein? Oder wäre der Hintergangene dafür schuldig zu sprechen, wenn er kein Vertrauen mehr herstellen will und kann, wenn der Seitenspringer seine Tat aufrichtig bereut, nie wieder fremdgehen will, alles wieder gutmachen will, aber der Hintergangene einfach aufgrund seiner Persönlichkeit nicht in der Lage ist, ihm zu glauben? Ist der Seitenspringer schuld, wenn man ihm nicht glaubt? Hat das wirklich mehr mit ihm zu tun oder eher mit dem Selbstwert, dem Selbstvertrauen, Urvertrauen oder anderen Persönlichkeitsmerkmalen des Hintergangenen? Es kann so oder so sein. Diese Schuldfragen lassen sich nicht klären. Sie ließen sich nur klären, wenn es einen allgemeingültigen Maßstab gäbe. Diesen gibt es aber nicht. Und wenn es ihn gäbe, wer wäre im Stande und dazu berechtigt maßzunehmen?

Kurz gesagt: Erst wenn die gegenseitigen Anfeindungen und das Klären der Schuldfrage aufgegeben werden – nicht weil das hier so im Buch empfohlen wird, sondern weil man versteht, weshalb das ratsam, sinnvoll und zielführend ist – wird es möglich, sich wirklich aufrichtig, interessiert, empathisch, gleichberechtigt und gewaltfrei zu begegnen. Erst wenn wir nüchtern und sachlich, offen und ehrlich über alles reden können, ohne befürchten zu müssen, nicht verstanden zu werden und erneut in einen respektlosen Streit zu geraten, besitzen wir die innere Größe und soziale Kompetenz, uns gegenseitig als die Menschen anzuerkennen, die wir sind und gemeinsam an einer wirklich zielführenden Lösung zu arbeiten. Am Ende sollte der Hintergangene erkennen können, von wem oder was er sich verabschieden will. Möchte er sich vom Partner verabschieden, oder lieber von einigen vielleicht etwas hochangelegten Idealen, Überzeugungen, Erwartungen und Bedingungen? Der Seitenspringer sollte am Ende ebenso erkennen können, von wem oder was er sich verabschieden möchte! Von seinem Partner, von dem Dritten im Bunde oder ebenso von hohen Idealen und Ansprüchen an das eigene Leben?

Beide sollten sich irgendwann klar entscheiden können, entweder für eine Trennung oder eine Erneuerung, Intensivierung, Stabilisierung, Neubelebung, Vertiefung und Fortführung der Beziehung. Kommt es zu keiner klaren Entscheidung, beispielsweise, weil es nicht gelingt, offen, ehrlich, interessiert und verständnisvoll miteinander über alles zu reden, oder weil man sich gegenseitig nicht die nötige Zeit zum Klären der eigenen inneren Befindlichkeiten zur Verfügung stellt, kommt es entweder irgendwann (wer weiß wann) zu einer kräftezehrenden, respektlosen Trennung oder zu einer nervenaufreibenden, unbefriedigenden Fortführung der Beziehung.

Ergänzung: Was können Sie tun, wenn der Seitenspringer noch emotional mit dem Dritten im Bunde verwoben ist und der Kontakt noch nicht abgebrochen wurde? Das ist ja beispielsweise zum Zeitpunkt der Aufdeckung des Seitensprungs fast immer so! Auch wenn Sie der Hintergangene sind und es Ihnen schwerfällt zu akzeptieren, dass Ihr Partner aktuell emotional mit einer Dritten Person verwoben ist, versuchen Sie sich der Realität zu stellen! Sie können keine Harmonie zwischen sich und Ihrem Partner herstellen, wenn Sie jetzt Dinge von ihm verlangen, die für ihn aktuell nicht leistbar sind. Natürlich muss klar sein, dass der Kontakt zum Dritten abgebrochen werden muss, wenn die Beziehung eine neue Chance erhalten soll, jedoch braucht alles seine Zeit. Es ist kein guter Start in den Neubeginn der Beziehung, wenn Sie Ihren Partner bzw. Ihre Partnerin in die Beziehung zurückzwingen, indem Sie ihm bzw. ihr keine andere Wahl lassen. Das wäre kein gutes Fundament für neues Beziehungsglück. Das gilt auch umgekehrt. Wenn Sie fremdgegangen sind, geben Sie Ihrem Partner bzw. Ihrer Partnerin Zeit, sich in der neuen Situation zurechtzufinden. Gestehen Sie ihm bzw. ihr zu, verletzt, wütend, unbeherrscht, anklagend, vorwurfvoll, fordernd etc. zu sein. Sie wären das umgekehrt vermutlich auch, wenn Sie der Hintergangene wären. Lassen Sie sich seine bzw. ihre Anfeindungen gefallen und schießen Sie nicht zurück.

Geben Sie sich gegenseitig Zeit, um über alles nachzudenken, die Gefühle und Gedanken zu sortieren und wieder einen etwas klareren Kopf zu bekommen. Prüfen Sie, ob folgende Möglichkeit für Sie leistbar sein könnte: Nehmen Sie sich zunächst einmal ein, zwei, drei oder vier Wochen Zeit. Wie viel Zeit Sie brauchen, müssen Sie einfach schauen. Wenn Sie zunähchst einmal nur zwei Wochen vereinbaren und dann einer von Ihnen beiden merkt, dass diese Zeit nicht ausreichend ist, dann kann man den Zeitraum ja weiter ausdehnen. Diese Zeit kann vor allem für den Seitenspringer wichtig sein, zumindest wenn er noch emotional mit dem Dritten im Bunde verwoben ist. Er kann dann innerlich Abstand zum Dritten und allen damit verbundenen Gefühlen und Gedanken gewinnen. Für den Hintergangenen kann diese Zeit ebenso wichtig sein. Auch er muss jetzt erst einmal schauen, was das alles für ihn zu bedeuten hat. Dem Seitenspringer ist zunächst gestattet, ein letztes Telefonat mit dem Dritten im Bunde zu führen, bei dem er diesem in Ruhe die gesamte Situation offen und ehrlich erklären kann. Dieses Gespräch sollte er allein mit dem Dritten führen können. Vermutlich wird während dieses Gesprächs über Dinge gesprochen, die für die Ohren des Hintergangenen nicht tauglich sind. Verlangen Sie als Hintergangener deshalb nicht, bei dem Gespräch dabei sein zu dürfen. Es ist gut, wenn der Seitenspringer dem Dritten noch einmal ungehindert alles sagen kann, was er noch sagen möchte. Das ist wichtig für ihn, um einen klaren Schnitt hinbekommen zu können. Zwischen dem Seitenspringer und dem Dritten bestand oder besteht eine Beziehung. Auch der Dritte leidet vermutlich unter der Aufdeckung des Seitensprungs. Zumindest dann, wenn das zur Folge hat, dass seine Beziehung zum Seitenspringer beendet werden soll. Auch er hat das große Bedüfnis, über alles reden zu können. Auch er wünscht sich Aufklärung – und sei es nur, dass ihm mitgeteilt wird, was Sache ist. In den darauffolgenden miteinander vereinbarten ein, zwei, drei oder vier Wochen, in denen sich zeigen wird, ob man die Beziehung zum Lebenspartner fortführen und neugestalten möchte oder nicht, sollte das Paar miteinander vereinbart haben, dass keinerlei Kontakt zum Dritten stattfinden darf. Wirklich keinerlei! Das sollte auch bei dem letzten Telefonat gegenüber dem Dritten ganz klar so kommuniziert werden. Das wäre für den Hintergangenen sonst unzumutbar. Würden jetzt in dieser Phase der Klärung erneute Kontaktaufnahmen aufgedeckt werden, wie etwa, dass der Seitenspringer trotz der Vereinbarung wieder mit dem Dritten gemailt hatte, dürfte das die Enttäuschung des Hintergangenen um ein Vielfaches verstärken und ein erneutes Annähern aneinander geradezu unmöglich machen. Ausreden wie etwa: „Ich kann ja nichts dafür, dass ich nochmal Kontakt mit der dritten Person hatte, weil nicht ich es war, der Kontakt aufnahm, sondern die dritte Person nahm Kontakt zu mir auf", sind dann unakzeptabel. Wenn der Dritte im Bunde von der Vereinbarung in Kenntnis gesetzt wurde, sollte es erlaubt sein, alle seine Anrufe, SMS, WhatsApps etc. ungelesen und unbeantwortet zu löschen. Dass man das tun wird, kann man ja vorab auch schon dem Dritten gegenüber kommunizieren. Um das genau so durchführen zu können, brauchen Sie diese klaren Absprachen. Ohne diese kann es gut sein, dass es in Ihrem heillosen Gefühls- und Gedankenwirrwar zu immer neuen Vertrauensbrüchen kommt. Weil jeder sich zwischen seinen jeweils eigenen Bedürfnissen, Gedanken und Gefühlen hin und her gerissen fühlt und dabei immer neue Fehler macht.

Falls es bei Ihnen und Ihrem Partner so war, dass es nach der Aufdeckung des Vertrauensbuchs bereits zu erneuten Vertrauensbrüchen kam, messen Sie diesen bitte nicht allzu viel

Bedeutung bei. Das ist ganz normal und sehr häufig der Fall. Das liegt daran, dass die Kommunikation ab dem Moment der Aufdeckung des Seitenssprungs in der Regel mehr als gestört ist. Der Seitenspringer sieht sich häufig nicht im Stande über alles offen und ehrlich Auskunft zu geben. Vieles, was er sagen könnte, wäre für den Hintergangenen verletzend. Der Seitenspringer möchte aber dem Hintergangenen nicht noch mehr Verletzungen zufügen. Sich selbst natürlich auch nicht. Er ist zwischen Wahrheit-Sagen und Rücksicht-Nehmen (auf sich selbst und den Partner) hin und her gerissen. Seine große Angst ist es in der Regel, etwas zu sagen, was die ganze Angelegenheit noch verschlimmern könnte. Und wenn es in einer Beziehung keinen Raum für absolute Offenheit und Ehrlichkeit gibt, ist diese große Angst ja auch wirklich begründet. Denn der Hintergangene befindet sich noch mehr als der Seitenspringer in einer Verfassung, in der seine Kommunikationsfähigkeit gestört ist. Das ist natürlich verständlich, das ändert aber nichts an der Tatsache, dass man auf dieser Basis nicht offen, ehrlich, respektvoll, gleichberechtigt, sachlich, konstruktiv und zielführend miteinander nach einer Klärung und Lösung suchen kann.

Wenn es also zu weiteren Vertrauensverlusten bei Ihnen kam, weil Sie als Hintergangener vielleicht irgendwann herausbekommen haben, dass der Seitenspringer Ihnen manche Ihrer Fragen nicht ehrlich beantwortet hat, dann seien Sie großzügig und machen Sie sich bewusst, dass dieses Verhalten (oder auch manches andere Fehlverhalten) des Seitenspringers nicht darin begründet liegt, weil er ein vertrauensunwürdiger, charakterloser, unehrlicher Mensch ist, sondern weil die Kommunikation zwischen Ihnen beiden stark gestört war. Es gab keinen Raum für Offenheit und Ehrlichkeit. Offenheit und Ehrlichkeit hätten nur zu Zank, Streit, Verschlimmerung und vielleicht zur Trennung geführt. Das war zumindest die Befürchtung des Seitenspringers. Er fand in sich nicht das Vertrauen, sich Ihnen offen und ehrlich anvertrauen zu können. Zusätzlich hat er sich vielleicht noch nicht emotional ganz und gar vom Dritten lösen können. Was das ganze für ihn noch schwieriger macht. Deshalb ist meine Empfehlung auf vielen Seiten in diesem Buch immer wieder: Stellen Sie sich genügend Raum für Offenheit und Ehrlichkeit zur Verfügung. Was das im Einzelnen bedeutet, wie das genau geht und warum das wirklich sinnvoll ist, habe ich bereits des Öfteren versucht, in diesem Buch deutlich zu machen.

Wenn der Kontakt schon abgebrochen wurde: Wenn Sie sich in einer Situation wiederfinden, in der der Kontakt zum Dritten bereits abgebrochen wurde, sind Sie schon einen großen Schritt weiter. Sie können sich dann schon viel entschlossener der ganzen Angelegenheit zuwenden. Entweder befinden Sie sich in der Klärungsphase bei der es noch um die Frage geht, ob Sie zusammenbleiben möchten oder nicht! Oder Sie beschäftigen sich bereits mit der Frage, ob Vergebung möglich sein kann oder nicht! Oder was meinen Sie selbst, an welcher Stelle stehen Sie?

Wer Treue verspricht, meint es in dem Moment ehrlich
Treue hat für die meisten Menschen sehr hohe Priorität. Für mich übrigens auch! Es gibt jedoch etwas, das ich – nicht zuletzt aufgrund meiner Erfahrung mit vielen Paaren aus meiner Beratungspraxis – für noch wichtiger und beziehungserhaltender erachte. Allerhöchste Priorität hat für mich Raum für Offenheit und Ehrlichkeit. Sich dem Partner offen und ehrlich anvertrauen zu können, ganz gleich, um was es geht oder welche Fehler auch geschehen, ist die Säule, durch die die Liebe zweier Menschen unsterblich wird.

Mir ist bewusst, dass der Satz „Wenn du jemals fremdgehen solltest, dann ist Schluss" in sehr vielen Beziehungen ausgesprochen oder unausgesprochen existiert. Ich kann gut verstehen, dass mit diesem Satz im Grunde zum Ausdruck gebracht werden soll, wie wichtig es einem für die gemeinsame Beziehung ist, einander treu zu sein. Das ist durchaus wünschenswert, legitim und verständlich. Wie bereits gesagt, möchte ich Sie – wenn Ihnen Treue wichtig ist – nicht dazu einladen, es mit der Treue künftig nicht mehr so ernst zu nehmen. Selbstverständlich soll Treue dann weiterhin für Sie zu den Werten zählen, die Sie sich als tragende Säule für Ihre Beziehung wünschen. Da dieser Ausspruch sich jedoch negativ auf Ihre Beziehung auswirken kann, empfehle ich Ihnen, nach einer anderen Formulierung zu suchen. Beispielsweise könnte diese in etwa wie folgt lauten: „Mein lieber Schatz, für uns beide ist Treue ein wichtiges Gebot unserer Liebe. Wir wünschen uns beide zutiefst, einander immer treu zu sein. Wir wissen, wir verletzen uns sehr, wenn dieses Gebot auch nur ein einziges Mal von einem von uns missachtet wird. Vermutlich würden dann Wut, Verzweiflung, Angst, Traurigkeit, Enttäuschung und andere negative Gefühle zwischen uns auftauchen, aber lass uns bei allem was geschieht, nie vergessen, dass es unsere Liebe wert ist, über alles offen, ehrlich und vertrauensvoll miteinander zu sprechen. Lass das allerwichtigste Gebot unserer Liebe sein, dass wir uns einander immer offen und ehrlich anvertrauen können, ganz egal, welche Unterschiede uns trennen, welche Fehler wir machen und was immer auch geschieht! Lass uns über alles reden und gemeinsam nach Lösungen suchen."

Warum ist mir diese Formulierung so wichtig? Jene Menschen, die fremdgegangen sind, werden allgemein schnell als Seitenspringer abgestempelt. Es wird oft davon ausgegangen, dass Seitenspringer es von Anfang an nicht ehrlich gemeint haben. Der Seitenspringer bzw. die Seitenspringerin ist und bleibt für alle Zeiten die Person, die alles kaputt gemacht hat. Was dabei ganz und gar übersehen wird, ist, dass der Seitenspringer bzw. die Seitenspringerin vor dem Fremdgehen kein Seitenspringer bzw. keine Seitenspringerin war und er bzw. sie selbst die Überzeugung besaß, niemals fremdgehen zu können. Er bzw. sie hatte damals nicht gelogen. Er bzw. sie war nicht unehrlich als man sich Treue schwor. Man meinte es von Herzen ehrlich. Welche Entwicklung das Leben und im Speziellen die eigene Paarbeziehung nehmen würde, konnte man damals nicht wissen. Man hielt es nicht für möglich, dass es mit dem geliebten Partner bzw. der geliebten Partnerin irgendwann einmal zu Problemen kommen könnte. Man wusste nicht, dass einige Bedürfnisse mit der Zeit auf der Strecke bleiben könnten. Man hatte keine Ahnung, dass es etwas geben könnte, über das in der Beziehung nicht gesprochen werden konnte. Man ahnte nicht, dass es schwierig werden könnte, den Treueschwur auf Dauer aufrecht zu erhalten. Damals schien Treue so selbstverständlich und leicht. Irgendwann kam es zu einem wie auch immer gearteten Mangel an Wertschätzung, Anerkennung,

Aufmerksamkeit, Verständnis oder irgendwelchen anderen Defiziten – und die Dinge nahmen ihren Lauf. Mir sind diese Zeilen so wichtig, weil ich mir für meine Klienten und Klientinnen sowie für meine Leser und Leserinnen wünsche, dass etwaige Verfehlungen nicht zwingend zu einer Trennung führen oder zur lebenslangen Belastung werden. Das tun sie aber, wenn es nicht gelingt, die Dinge aus einer neuen Perspektive zu betrachten.

Wie viele Menschen, die sich eigentlich Treue wünschen, fremdgehen, darüber gibt es diverse Statistiken. Welche Statistik der Wahrheit am nächsten kommt, ist ungewiss. Laut den Statistiken, die mir bekannt geworden sind und meiner eigenen Erfahrung komme ich zu folgendem Schluss: Ungefähr jeder Zweite, der sich eigentlich Treue wünscht, geht mindestens einmal fremd in seinem Leben. Das heißt, fünfzig von einhundert Personen (Männer und Frauen zu etwa gleichen Teilen) schaffen es nicht, ihren Wunsch nach Treue dauerhaft zu kultivieren. Dass die anderen Fünfzig, die es schaffen, treu zu bleiben, wirklich die treueren Menschen sind, ist damit aber noch lange nicht bewiesen. Vermutlich sind einige (oder vielleicht sogar einige mehr) unter ihnen, die einfach nur noch nie in eine Situation kamen, in der sie in Versuchung gerieten, vernachlässigte Bedürfnisse außerhalb der Beziehung zu erfüllen. Manche haben vielleicht auch einfach einen Partner, der wirklich gut zu ihnen passt und der sie tatsächlich sehr glücklich macht. Unter diesen Bedingungen wären vermutlich viele, die fremdgingen, auch nicht fremdgegangen. In meiner Beratungspraxis habe ich immer und immer wieder die Erfahrung gemacht, dass Menschen so lange glaubten, nicht fremdgehen zu können, bis es ihnen dann passierte.

Vom Verzeihen
Je mehr wir lernen, dass Fremdgehen unverzeihlich ist, desto schwerer fällt es uns natürlich auch, solch einen Vorfall neutral zu betrachten, zu verstehen und schließlich zu vergeben. Je weniger wir zu der festen Überzeugung kommen, Fremdgehen als etwas Unverzeihliches zu betrachten, desto leichter ist es für uns, solch einen Vorfall sachlich zu hinterfragen und schließlich als Signal für einen zu ergründenden Mangel an erfüllten Bedürfnissen

anzuerkennen. Es gibt Paare, für die Fremdgehen gar nicht viel mit Vergebung zu tun hat. Solche Paare haben nicht das Gefühl, dass es dabei um Vergebung gehen muss, sondern sie können einen Seitensprung von vornherein als etwas relativ Harmloses einsortieren. Hier soll nicht die Rede sein von jenen, die eine offene Beziehung führen und die sich gegenseitig Affären genehmigen. Das ist natürlich okay, aber um solche Konstellationen geht es in diesem Buch nicht. Hier sind Paare gemeint, denen sexuelle Treue sehr wichtig ist, aber die sich dennoch darüber bewusst sind, dass so etwas in einer langjährigen Beziehung unter gewissen Umständen im Ausnahmefall mal passieren kann. Es kommt zwar zu Verletzung und Streit, aber die Bindung und das Vertrauen sind so stabil und das Wissen über menschliche Bedürfnisse und sonstige psychologische Zusammenhänge sind so gut entwickelt, dass beide sich relativ bald respektvoll, nüchtern und sachlich über die Beweggründe unterhalten können. Bald besprechen sie in aller Offenheit und Ehrlichkeit wie es zum Seitensprung kommen konnte und werden sich darüber klar, was der Vorfall tatsächlich zu bedeuten hat; was man aus ihm lernen kann und ob er auf die gemeinsame Liebe und Zukunft irgendwelche Auswirkungen hat. Sie kommen weitestgehend ohne größere Reue-, Wiedergutmachungs-, und Vergebungsbemühungen aus. Anstelle mit Wiedergutmachung und Vergebung lösen sie das Problem durch ihre Bereitschaft und Fähigkeit, den jeweils anderen als den Menschen anzuerkennen, der er ist. Und mit dem Verständnis, dass ein Mensch nicht nur Stärken, sondern auch Schwächen hat.

Vielen anderen Hintergangenen ist es oft auch peinlich, sich wieder mit dem Seitenspringer zu versöhnen, weil andere, die von dem Seitensprung erfahren haben, dann denken könnten, man sei dumm, sich wieder auf jemanden einzulassen, der einem so etwas angetan hat. Es wird befürchtet, dass einem das als Schwäche ausgelegt wird. Tatsächlich hat Vergebung jedoch viel mehr mit innerer Größe und Stärke zu tun. Letztlich fühlt es sich für viele Hintergangene sogar sehr gut an, wenn sie erkennen, dass sie die psychische Reife, soziale Kompetenz und innere Freiheit besitzen, über einen Seitensprung besonnen miteinander reden zu können. Dies ist zumindest dann so, wenn es sich wirklich um Vergebung handelt, die aus gewissen menschlichen Kompetenzen hervorgeht.

Vom Vertrauensvorschuss

Ob wir unserem Partner nach einem Seitensprung wieder vertrauen können, hängt zum einen natürlich davon ab, wie vertrauenswürdig der Partner tatsächlich ist, und zum anderen aber auch von uns selbst. Nämlich davon, wie sehr wir überhaupt dazu in der Lage sind, vertrauen zu können oder zu wollen. Was nützt es, wenn der Partner nach dem Seitensprung alles zu tiefst bereut und aus seinem Fehltritt gelernt hat und nie wieder untreu sein möchte, wenn wir – aus welchen Gründen auch immer – nicht dazu bereit sind, neues Vertrauen zu investieren? Häufig scheint es mir so zu sein, dass Menschen, die von ihrem Partner hintergangen wurden, sich schwertun, dem Seitenspringer wieder zu vertrauen, obwohl alles eigentlich dafür spricht, dass es nur ein Ausrutscher war und es aller Wahrscheinlichkeit nach nie wieder passieren wird. Viele Betroffene warten viele Monate und sogar Jahre auf den Moment, an dem sie sich sicher sein können, dass es sich lohnt, wieder Vertrauen zu investieren. Bevor sie dem Partner wieder ihr Vertrauen schenken, möchten sie erst ganz sicher sein, dass der Partner so etwas nie wieder tun wird. Die Gefahr dabei ist jedoch, dass man sich an das Gefühl des Misstrauens gewöhnt und niemals an dem Punkt ankommt, an dem man die Sicherheit in sich spürt, wieder vertrauen zu können. Meiner Erfahrung nach lohnt es sich, diesen langen, beschwerlichen, zermürbenden Weg des Abwartens und Zweifelns bewusst abzukürzen. Anstatt ewig und drei Tage auf den Moment zu warten, an dem man sich absolut sicher ist, wieder vertrauen zu dürfen und glücklich sein zu können, ist es doch vermutlich viel besser, die Qualen des Abwartens möglichst bald hinter sich zu lassen und dem Seitenspringer einfach einen Vertrauensvorschuss zu schenken. Was hat man dabei schon zu verlieren? Wenn der Partner tatsächlich vertrauenswürdig ist, hat man das gemeinsame Glück auf diese Weise viel schneller wieder zurückerobert, als wenn man erst noch lange abgewartet hätte. Falls sich wider Erwarten herausstellen sollte, dass der Partner den Vertrauensvorschuss zu Unrecht geschenkt bekam, hat man in den meisten Fällen vermutlich dennoch die ganze Sache zeitlich verkürzt und man kann die Beziehung beenden. Wenn wir diese Abkürzung nicht nehmen bzw. uns nicht irgendwann bewusst wieder aufeinander zubewegen, können das ewige Abwarten und das damit einhergehende ständige Misstrauen sehr häufig zu Unzufriedenheit und Kontrollzwang in der Beziehung führen. Wir sind dann häufig viel mehr auf der Suche nach Beweisen, die unsere Zweifel, Befürchtungen und Vorbehalte bestätigen, als die Bereitschaft zu entwickeln, uns dem Partner wieder anzunähern und zu vertrauen. Die Beziehung zerbricht dann nicht nur am Seitensprung, sondern letztlich auch daran, weil der Hintergangene nicht mehr die Bereitschaft hat, den Fehler des Partners zu verzeihen und wieder Vertrauen zu investieren. Wer ist in solch einem Fall dann an der Trennung schuld? Wie bereits gesagt, kann diese Frage nicht allgemeingültig geklärt und beantwortet werden. Man könnte sie nur aus den verschiedenen Perspektiven der beiden Beteiligten oder aus den Perspektiven eines jeden anderen heraus beantworten. Eine Metaebene für die Schuldfrage, die objektiv wahr ist und von allen Menschen gleichermaßen anerkannt werden könnte, gibt es nicht. Das genau klären zu wollen, führt daher in die Irre und in die falsche Richtung.

Wir alle möchten verstanden werden. Ob wir Schuld haben oder nicht. Ob wir etwas richtig gemacht haben oder nicht. Ob wir etwas dafür können oder nicht. Ob wir dafür zu verurteilen sind oder nicht. Unser aller Sehnsucht ist es, verstanden und mit unseren Stärken und Schwächen angenommen zu werden. Schenken Sie sich gegenseitig dieses Verständnis! Schuldig gesprochen zu werden, ist genau das Gegenteil von Verstehen. Und selbst wenn es zwei Menschen manchmal schaffen, die Schuldfrage in einer Angelegenheit zu klären, bleibt mindestens bei einem der beiden diese grundlegende Sehnsucht nach Verständnis und Anerkennung unerfüllt. Geliebt kann dieser sich dabei nicht fühlen. Die Gefühle der Verbundenheit, Liebe, Geborgenheit und des gemeinsamen Glücks nehmen dabei zwangsläufig ab. Genauso nehmen diese Gefühle bei jedem respektlosen Streit oder jeder anderen Geringschätzung ab. Beispielsweise wenn einer den anderen bevormundet, umerziehen will, demütigt, anschreit, zu etwas zwingt usw. – All das erfüllt nicht die große grundlegende Sehnsucht nach Verständnis und Anerkennung. All das beschädigt die Gefühle von Verbundenheit, Liebe, Geborgenheit und Glück.

Wenn Wahrheit der Beziehung schadet

Wir alle wünschen uns einen Partner, der ehrlich ist. Aber was läuft falsch, wenn Offenheit und Ehrlichkeit zu Bevormundung, Bestrafung, Zank und Streit führen? Ehrlichkeit ist eine gewünschte Säule einer jeden Beziehung. Jedes Paar möchte, dass der eine zum jeweils anderen stets aufrichtig und ehrlich ist. Leider existiert in den Köpfen vieler eine Vorstellung von Ehrlichkeit, die es dem Partner gerade nicht erlaubt, wirklich aufrichtig sein zu können. Wie meine ich das? Die ehrlich ausgesprochene Wahrheit eines Menschen ist immer ein zu ihm gehörendes, aufrichtiges Abbild seiner Wirklichkeit. Dieses Abbild nicht anzuerkennen bedeutet, die Wahrheit nicht wahrhaben bzw. nicht als gegeben akzeptieren zu wollen. Jeder von uns hat seine Wahrheit / seine Wirklichkeit. Jeder findet in sich seine eigenen Bedürfnisse, Interessen, Stärken, Schwächen, Wünsche, Ziele, Vorlieben, Abneigungen, Potenziale, Sichtweisen, Überzeugungen, Sehnsüchte, Klarheiten, Unklarheiten etc. Keiner kann sich aussuchen, was er in sich findet. Die Wahrheit gehört zu uns. Sie ist einfach da. Wir können nichts dafür, welche Wahrheit in uns ist. Wir können zwar an uns arbeiten und versuchen uns zu verändern, wenn wir Eigenschaften oder Aspekte an uns entdecken, die uns selbst nicht gefallen, aber jetzt und hier können wir nur der Mensch sein, der wir jetzt und hier sind. Wir können unsere Wahrheit verleugnen oder sie offen und ehrlich mitteilen. Offen und ehrlich auszusprechen, wer wir sind, was gerade in uns ist, woran wir gerade leiden, was uns aktuell bewegt, was wir uns wünschen, wofür wir uns interessieren, welche Fehler wir gemacht haben, wie wir denken, fühlen und handeln, bedeutet aufrichtig zu sein. Es ist nicht immer rücksichtsvoll oder anständig, aber es ist ehrlich. Ja, wenn wir unsere Wahrheit aussprechen, sind wir ehrlich. Leider wird Ehrlichkeit häufig nur dann als etwas Wertvolles anerkannt, wenn sie für den jeweils anderen erfreulich ist. Ist sie das nicht, wird man für die offen und ehrlich mitgeteilte Wahrheit kritisiert. Schlimmstenfalls wird man dafür angebrüllt, beschuldigt, abgelehnt etc. und paradoxerweise sogar als unehrlich, gemein, unanständig oder rücksichtslos wahrgenommen.

Warum ist es mir so wichtig, das an dieser Stelle noch einmal zu wiederholen? Es ist mir deshalb so wichtig, weil ich aus Erfahrung weiß, wie heilsam und förderlich es für das Zusammenleben ist, wenn beide Partner Offenheit und Ehrlichkeit richtig verstehen und wirklich zu schätzen wissen. Wer verstanden, akzeptiert und wirklich verinnerlicht hat, dass Offenheit und Ehrlichkeit nur dort existieren können, wo einander alles offen und ehrlich mitgeteilt werden kann, und wo Aufrichtigkeit nicht zu Verachtung und Ablehnung führt, der besitzt auch die soziale Kompetenz, innere Reife und Größe, für alles, was geschieht, Verständnis aufzubringen und gemeinsam mit dem Partner nach Lösungen zu suchen. Wer hingegen den Partner nur durch die eigene Brille wahrnimmt, ihn nur nach den eigenen Maßstäben, Bedingungen und Erwartungen bewertet bzw. beurteilt, hat nicht gelernt, die Wahrheit des anderen als zu ihm gehörend anzuerkennen und sie als solche zu respektieren. Auf den gemeinsamen Umgang kann sich das nur negativ auswirken.

Wenn Wahrheit der Beziehung nicht schadet
Die Wahrheit schadet einer Beziehung dann nicht, wenn beide Beteiligten die Bereitschaft, soziale Kompetenz, innere Reife und Größe besitzen, den jeweils anderen als den Menschen zu verstehen und anzuerkennen, der er mit all seinen natürlichen und erworbenen Stärken und Schwächen ist. Kürzer gesagt: Die Wahrheit stärkt eine Beziehung, wenn es beiden Beteiligten gelingt, einander als Mensch anzuerkennen.

Ein Mensch ist nun mal kein perfektes Wesen. Ein Mensch ist ein Wesen, das mit seinen hochkomplexen, vielfältigen, vielschichtigen, widersprüchlichen und unergründlichen Gefühlswelten, Denkgebäuden, Verhaltensmustern, Bedürfnissen, Instinkten und Trieben zurechtkommen muss. Dass das nicht immer einfach ist und manchmal sogar unglaublich schwer, weiß jeder schließlich von sich selbst. Offenheit und Ehrlichkeit sowie die Bereitschaft und die Kompetenz Offenheit und Ehrlichkeit stets als etwas Schätzenswertes, Natürliches, zum anderen untrennbar Gehörendes anzuerkennen, und deshalb über alles reden zu können, bedeutet mit der Wahrheit so umzugehen, dass sie der gemeinsamen Beziehung nicht schadet, sondern ganz im Gegenteil, dass sie sie stärkt.

Viele von uns haben nicht gelernt, mit Offenheit, Ehrlichkeit und Wahrheit so umzugehen, wie schon des Öfteren hier im Buch empfohlen. Stattdessen haben wir verinnerlicht, dass der Partner offen und ehrlich ist, wenn er rücksichtsvoll und anständig ist, uns also mit seiner Wahrheit nicht verletzt. Verletzt sie uns doch bzw. gefällt sie uns nicht, fühlt sich das nicht gut an, und weil wir über dieses negative Gefühl dann nicht noch einmal ganz genau nachdenken, kommen wir irrtümlich zu einer unüberlegten Überzeugung. Wir denken dann, seine Ehrlichkeit sei falsch, nicht akzeptabel oder sogar gegen uns gerichtet. Es ist dann nicht verwunderlich, wenn wir uns nicht trauen, über vieles, was uns beschäftigt, mit dem Partner rechtzeitig zu sprechen.

Sprechen wir nicht rechtzeitig offen und ehrlich über das, was in uns ist und was uns bewegt, wird es mit der Zeit immer schwieriger, das bisher Verschwiegene offen und ehrlich auszusprechen. Die Angst, vorgeworfen zu bekommen, dass man ein Thema anspricht, oder noch nicht schon viel früher angesprochen hat, sorgt dafür, dass man die Wahrheit immer länger für sich behält und sich damit quasi selbst verleugnet.

Ob wir in unserer Beziehung einander immer alles offen und ehrlich anvertrauen und zumuten können, liegt also immer an beiden Beteiligten.

Kann ich meinem Partner meine Wahrheit anvertrauen und zumuten? Besitzt er die innere Reife, innere Größe und soziale Kompetenz, mich so zu respektieren, wie ich bin? Oder muss ich damit rechnen, dass ich auf Unverständnis, Ablehnung, Demütigung und Anschuldigung stoße, weil er andere Erwartungen an mich stellt? Besitze ich selbst die innere Reife, innere Größe und soziale Kompetenz, meinen Partner so zu respektieren, wie er ist, auch wenn er nicht immer meinen Erwartungen genügt? Oder muss er damit rechnen, dass er auf Unverständnis, Ablehnung, Demütigung und Anschuldigung stößt? Haben wir für unsere Beziehung eine Basis auf der Offenheit und Ehrlichkeit wertgeschätzt und anerkannt werden oder haben wir diese Basis nicht? Kann mein Partner mir meine grundlegende Sehnsucht, verstanden zu werden, erfüllen oder wird er stattdessen genau das

Gegenteil tun? Kann ich meinem Partner stets seine grundlegende Sehnsucht, verstanden zu werden, erfüllen oder neige ich selbst häufig dazu, genau das Gegenteil zu tun? Diese Überlegungen entscheiden darüber, ob wir offen und ehrlich sind oder besser nicht.

Die unerfüllten Bedürfnisse nach Liebe oder Erotik sind beispielsweise solche Themengebiete, die uns um die Ohren fliegen können, wenn wir sie dem Partner gegenüber offen und ehrlich ansprechen. Zu schnell kann ein Partner mit einer unstabilen, wenig selbstsicheren Persönlichkeitsstruktur die vom Partner anvertraute Wahrheit fehlinterpretieren und sich beleidigt, ungenügend oder herabgesetzt fühlen und entsprechend verständnislos reagieren. Das Dumme an solch einer Vermeidungsstrategie ist nur, dass sich die unerfüllten Bedürfnisse nach Liebe oder Erotik durch die Vermeidung leider nicht wegzaubern lassen. Sie werden unerfüllt bleiben und sogar immer stärker nach Erfüllung verlangen. Nicht weil derjenige, der an unerfüllten Bedürfnissen nach Liebe oder Erotik leidet, ein schlechter Mensch ist, der nicht bereit ist, seine Bedürfnisse zu verleugnen, sondern weil das in der Natur der Sache liegt. Man kann unerfüllte Bedürfnisse nicht einfach wegdrücken. Jedenfalls nicht ohne negative Folgen. Die Natur hat uns mit unseren Bedürfnissen schließlich nicht ausgestattet, damit wir uns darin üben, sie zu verleugnen und sie zu unterdrücken. Nein, sie dienen dem menschlichen Leben und sind deswegen nicht negativ zu werten.

Wir stärken unsere gemeinsame Beziehung, wenn wir einander als die Menschen anerkennen, die wir sind. Ja, wenn wir uns immer füreinander interessieren und stets versuchen einander zu verstehen – ganz egal, ob das, für was es sich zu interessieren gilt oder was es zu verstehen gibt, erfreulich oder unerfreulich ist. Nicht weil das hier so im Buch empfohlen wird, sondern weil man erkennt, dass das gut und richtig ist.

Von der größten Sehnsucht, die wir alle haben

Überall hört und liest man über die Liebe. Liebe sei die stärkste und größte Kraft, die es gibt. Alles, was man zum Leben und Glücklichsein brauche, sei die Liebe. Schon die Beatles sangen „ALL YOU NEED IS LOVE".

Doch stimmt das so? Ist Liebe wirklich die stärkste Kraft, die es gibt? Ist alles, was wir brauchen, tatsächlich Liebe? Vermutlich kann man darüber streiten. Was mir an dieser Stelle nur wichtig ist: Solche Aussagen klingen schön. Es tut uns gut, sie zu hören oder zu lesen. Sie scheinen ja sogar schon fast so etwas wie Allgemeinwissen zu sein. Aber wie vieles, was wir über die Liebe im Allgemeinen wissen, stammen solche Aussagen nicht aus Psychologie und Wissenschaft, sondern aus romantischen Filmen, Romanen, Gedichten, Liedern etc. Was ich für viel wichtiger als die Liebe erachte, ist, zu wissen, welche Beachtung und Pflege die Liebe braucht, um dauerhaft erhalten zu bleiben.

Als Paarberater möchte ich einmal die Frage stellen: Was nützt es uns, wenn wir glauben, dass Liebe die stärkste Kraft im Leben ist? Und was haben wir davon, wenn wir darauf vertrauen, dass alles, was wir brauchen, Liebe ist? Was sind diese Aussagen wert, wenn wir nicht wissen, wie wir die Liebe, die wir für einen anderen Menschen empfinden, in unser Leben dauerhaft einladen und langfristig aufrechterhalten können?

Viel wichtiger als die Liebe selbst ist deshalb meiner Meinung nach das Wissen darüber, wie man der Liebe den Raum und die Bedingungen zur Verfügung stellt, dass sie dauerhaft gedeihen und bei uns bleiben kann. Wissen wir nicht, was die Liebe braucht, um sich bei uns dauerhaft wohlfühlen zu können, müssen wir in der Regel immer wieder neu die Erfahrung machen, dass sie uns mit der Zeit wieder verlässt.

Die wichtigste Basiszutat zum Erhalt von Liebe ist Verständnis. Unsere größte Sehnsucht, die wir alle haben und die das Lebenselixier der Liebe darstellt, ist verstanden zu werden. Wir alle möchten als der Mensch, der wir sind, verstanden werden, denn nur dann können wir uns geachtet, respektiert, anerkannt, wertgeschätzt und schließlich geliebt fühlen.

Viele von uns machen Liebe von vielen äußeren Faktoren abhängig. Sie machen ihre Liebe zu einem anderen Menschen beispielsweise daran fest, wie attraktiv und erotisch anziehend sie ihn finden. Für die Dauer einer Liebe sind die inneren Werte jedoch die viel entscheidenderen.

Allen voran möchte ich hier zu den inneren Werten die sozialen Kompetenzen zählen. Die wichtigste soziale Kompetenz ist, wie schon so oft in diesem Buch genannt, die folgende: Die Fähigkeit, einem anderen Menschen mit Respekt, Wertschätzung, Anerkennung, Empathie, Gleichberechtigung, Vertrauen, Gewaltfreiheit, Offenheit und Ehrlichkeit begegnen zu können. Diese Kompetenz besitzen wir dann, wenn wir erkannt und verinnerlicht haben, dass es gut und richtig ist, einem anderen Menschen stets mit so viel Interesse und Verständnis zu begegnen, dass er sich von uns als der Mensch anerkannt fühlen kann, der er ist! Ganz egal, welche Stärken und Schwächen er hat!

Der größte Feind der Liebe ist jede Form von Geringschätzung. Jeder Vorwurf, jede Anschuldigung, ja schon jedes genervte Augenrollen stellt eine Form von Geringschätzung dar!

Demnach bieten wir unserer gemeinsamen Liebe den Raum und die Bedingungen, die sie braucht, um dauerhaft bei uns zu bleiben, wenn wir die Bereitschaft entwickeln, einander stets mit so viel sozialer Kompetenz zu begegnen, dass wir uns gegenseitig die große Sehnsucht erfüllen können, als der Mensch verstanden zu werden, der wir sind! Mit all unseren Stärken und Schwächen!

3.) AUS DEM BERATUNGSALLTAG

Von Beispielen aus meiner Beratungspraxis
Nachfolgend ein paar Beispiele aus meiner Beratungspraxis, die Ihnen noch einmal zur Veranschaulichung dienen können. Aus datenschutzrechtlichen Gründen, habe ich die Namen der Paare und manche Geschehnisse variiert.

Regina und Paul
Ein Beispiel aus meiner Beratungspraxis, an dem deutlich wird, wie sehr die menschliche Psyche dazu in der Lage ist, eigene Fehler vor sich selbst und anderen zu rechtfertigen oder zu bagatellisieren, ist der Fall von Regina und Paul: Die beiden kamen zu mir in die Beratungspraxis. Regina war am Boden zerstört. Paul war vor drei Monaten fremdgegangen. Er hatte sich innerhalb von sechs Wochen dreimal mit einer anderen Frau getroffen. Für ihn hatte das ganze nichts mit Liebe zu tun. Es ging einfach nur um Sex und die damit zusammenhängenden Bedürfnisse. Die Bedürfnisse, die sich mit Sex ganz nebenbei auch erfüllen lassen, können von Fall zu Fall unterschiedlich sein. Es kann darum gehen, sich mal wieder als Frau oder Mann gesehen, gehalten, verstanden, wichtig, attraktiv, interessant, bedeutend, geborgen, begehrenswert, großartig, lebendig oder wie auch immer zu fühlen. Im Kern geht es bei all diesen Bedürfnissen darum, den Mangel an Erfüllung zu beseitigen, sprich, die unerfüllten grundlegenden Bedürfnisse nach Anerkennung, Respekt, Wertschätzung, Verständnis, Selbstwert etc. zu erfüllen. Regina ist zu tiefst enttäuscht von Paul. Sie weint in der Beratungsstunde sehr viel. Sie weiß nicht, wie sie mit dem Vorfall fertig werden soll. Sie hat das Gefühl, dass sie über den Seitensprung von Paul nie hinwegkommen kann. Es ist ihr einfach ein Rätsel, wie sie ihm das jemals verzeihen kann. Die Enttäuschung ist einfach zu groß. Sie beschimpft ihn immer wieder und benutzt dazu ziemlich hässliche Worte. Paul beteuert hingegen, dass ihm das ganze Leid tut und er alles tun möchte, um alles wieder gutzumachen. Auch er weint zwischendurch, weil er Angst hat, Regina zu verlieren. Die Situation wirkt ziemlich verfahren. Alle Versuche, die ich als Berater unternehme, um etwas Entspannung in die Situation zu bringen,

scheitern. Die Sitzung dauert bereits ungefähr eine Dreiviertelstunde, als zufällig im weiteren Gespräch herauskommt, dass Regina vor acht Jahren selbst schon einmal fremdgegangen war. Regina erzählte mir davon so ganz nebenbei. So, als sei das ja keine große Sache. Als ich dann genauer nachfragte und dabei auch meine Verwunderung zum Ausdruck brachte, weil ich nicht so ganz nachvollziehen konnte, dass sie nun für den Seitensprung ihres Mannes noch nicht einmal einen klitzekleinen Funken Verständnis aufbringen konnte, antwortete Regina, sie sei ja damals nur einmal mit dem anderen Mann ins Bett gegangen. Ihr Mann sei aber mit der anderen Frau dreimal im Bett gewesen. Das sei ja schließlich ein Unterschied. Einmal so etwas zu tun, sei nicht so schlimm, wie es dreimal zu tun. Viel mehr möchte ich von diesem Beispiel gar nicht erzählen. Hier soll nur deutlich werden, dass die menschliche Psyche erfinderisch, tückisch und listig genug ist, um unser eigenes Denken, Fühlen und Handeln nicht als fehlerhaft oder schwach erkennen zu lassen. Weder vor uns selbst, noch vor anderen. Das, was wir selbst verbocken, erscheint uns selbst nicht so schlimm. Die Fehler anderer, erscheinen uns größer zu sein – ja, viel größer, als sie in Wahrheit sind.

Vermutlich denken viele Leser über Regina jetzt so etwas Ähnliches wie: „die hat sie ja wohl echt nicht mehr alle" oder „das glaubt die doch wohl selbst nicht". Dazu kann ich Ihnen versichern: Doch, das dachte Regina wirklich damals. Sie glaubte an das, was sie sagte. Nicht deshalb, weil sie dumm oder gemein war, sondern weil sie ein Mensch ist. Die menschliche Psyche kennt Tausende Tricks in Form von unbewussten Vermeidungs-, Verdrängungs- und Verleugnungs-Mechanismen, um sich selbst zu schützen, sodass es nicht verwunderlich ist, wenn Menschen dazu neigen, die Realitäten zu verwischen oder aufzupolieren. Nicht nur bei Regina ist das so. Nein, wir alle sind nicht frei davon. Der eine mehr, der andere weniger.

Regina fing nach der zweiten Sitzung an zu erkennen, dass all ihre Urteile über Paul aus einem Gefühl der Angst, Verletzung, vermeintlichen Enttäuschung und anderen negativen Gefühlen resultierten und dass es Zeit wurde, diese mit gesundem Menschenverstand zu hinterfragen. Schließlich lernte sie, zwischen gefühlter Wirklichkeit und faktischer Wirklichkeit zu unterscheiden. Ihr wurde klar, dass ihre starken negativen Gefühle sie glauben ließen, dass Paul ein gemeiner, charakterloser Schuft sei, dem sie nie wieder vertrauen dürfe. So fühlte es sich einfach für sie an. Als wir seinen Charakter und seine persönlichen Eigenschaften genauer untersuchten, wurde ihr klar, was für ein liebevoller, freundlicher und toller Mann ihr Ehemann in all den Jahren gewesen war und dass der Seitensprung ihn nicht zu einem anderen Menschen machte. Er war immer noch ein liebevoller, freundlicher und toller Mensch. Seine positiven Eigenschaften und Aspekte blieben erhalten. Es kam nur ein negativer Aspekt hinzu. Wie so oft im Leben messen wir negativen Erfahrungen viel mehr Gewicht und Bedeutung bei, als positiven.

Anmerkung: Das, was du gemacht hast, ist viel schlimmer als das, was ich gemacht habe, ist ein Satz, den ich schon häufig in Paarberatungen von streitenden Paaren hören konnte. Es kam sogar schon oft vor, dass der Hintergangene seinen derzeitigen Partner (den jetzigen Seitenspringer) selbst bei einem Seitensprung kennenlernte. Der Hintergangene war also auch schon mal Seitenspringer. Das sei aber damals etwas ganz anderes gewesen, bekomme ich dann immer als Berater zu hören. Man selbst glaubt nicht, dass man dadurch zu einem Menschen wurde, dem man nicht mehr vertrauen kann.

Irene und Sascha

Sascha rief eines Tages sehr aufgelöst in meiner Beratungspraxis an. Es sei sehr dringend. Er und seine Frau bräuchten dringend die Hilfe eines Fachmannes. Es sei schrecklich, seine Frau habe sich in einen anderen Mann verliebt und er wünsche sich so sehr, dass die Beziehung zwischen ihm und seiner Frau wieder so werden würde wie früher. Alleine würden sie das aber nicht hinbekommen. Sie hätten gemeinsam ein schönes Haus, zwei kleine Kinder und eigentlich wäre die Beziehung all die Jahre recht gut gelaufen – bis auf ein paar Kleinigkeiten, die in jeder Ehe vorkämen. Ich schob daraufhin am nächsten Tag noch einen Termin in meine Tagesplanung ein, weil mir klar war, wie unerträglich die Situation für Sascha sein musste. Als Irene und Sascha in die Praxis kamen, redete zunächst nur Sascha. Er liebe seine Frau und wolle sie nicht verlieren. Ich weiß nicht mehr, was er mir im Einzelnen alles erzählte, aber sein größter Wunsch war, dass alles wieder gut werden würde. Ich sei ja der Fachmann und könne sicher helfen. Dann sprach ich mit seiner Frau. Sie erzählte davon, wie eintönig die Ehe mit ihrem Mann gewesen war. Sie sei viel mit den Kindern allein gewesen. Ihr Mann habe viel gearbeitet und wenn er am Abend von der Arbeit müde nach Hause kam, habe er seine Ruhe haben wollen. Gemeinsame Interessen gäbe es kaum. Im Bett sei fast gar nichts mehr gelaufen. Es sei aber eigentlich für sie in Ordnung gewesen. In anderen Beziehungen wäre das ja schließlich auch nicht viel anders. Nun habe sie sich zufällig in einen Nachbarn verliebt. Erst dadurch sei ihr so richtig bewusst geworden, was ihr die letzten Jahre gefehlt habe. Die Gefühle, die sie zu ihrem Nachbarn hegte und die gemeinsame Zeit, die sie mit ihm verbrachte, wenn ihr Mann nicht zu Hause war, seien so wunderbar und beglückend, dass es für sie aktuell auch nicht möglich sei, das Verhältnis zu beenden. Sie liebe zwar auch ihren Mann noch irgendwie, aber das sei mehr so eine Liebe wie zu einem guten Freund.

Während Irene das alles erzählte, konnte man sehen, wie schlecht es ihr dabei ging. Auf der einen Seite war da die Liebe zu ihrem Nachbarn, die ihr Leben so unglaublich bereicherte, lebenswert und lebensfroh machte. Auf der anderen Seite gab es ihren Ehemann, der weinend da saß und mich die ganze Zeit über mit großen, flehenden Augen ansah – so als wollte er sagen, nun tun Sie doch endlich was. Natürlich war das eine Situation, die nicht nur für Sascha unerträglich war, auch für Irene war das Ganze eine Katastrophe. Irene hatte natürlich einen Vorteil. Sie hatte jemanden, der ihr in ihrem Gefühlschaos zwischendurch Halt und Kraft geben konnte. Für Sascha gab es solch einen Menschen nicht. Insgeheim hoffte er, dass ich helfen konnte. Leider konnte ich das in der Form nicht. Irene hatte sich zwar von Sascha überreden lassen, mit zur Paarberatung zu kommen, aber wirklich bereit war sie dafür nicht. Vermutlich hoffte auch sie insgeheim, dass es irgendetwas geben könnte, womit Erleichterung zu erreichen wäre, denn die Situation war ja für alle Beteiligten die Hölle. Sicher gab es einen Teil in ihr, der sich auch wünschte, dieser unerträgliche

Zustand könne möglichst bald enden und es wäre möglich, dass sie mit ihrem Mann und den Kindern wieder zufrieden zusammenleben kann. Doch es gab auch einen entschiedenen Anteil in ihr, der ganz klar sagte, dass sie auf das neue Glück nicht mehr verzichten wollte. Sie könne aktuell nicht sagen, wie ihr Leben weitergehen würde. Sie hätte dafür einfach keinen Plan.

Ich empfahl den beiden, nichts übers Knie zu brechen. Ich versuchte zu vermitteln, dass das, was passiert ist, in einer Beziehung passieren kann und dass es keine bessere Möglichkeit gibt, als sich zunächst einmal der Realität zu stellen, sich Raum für Offenheit und Ehrlichkeit zur Verfügung zu stellen, sich Zeit zu geben und gemeinsam zu überlegen, welche Perspektiven es schließlich gibt und welche nicht. Wir redeten noch lange. Am Ende der Sitzung empfahl ich Sascha noch einmal, seiner Frau etwas Zeit zu lassen. Mir war klar, dass ich da viel von ihm verlangte. Er kam mit der Hoffnung, dass ich dem Grauen ein Ende setzen oder zumindest ein Ende in Aussicht stellen könnte. Er hatte ganz gewiss die Hoffnung, dass ich seiner Frau vermitteln würde, wie falsch ihr Verhalten war und dass sie sich doch hier und jetzt zumindest schon einmal dazu überreden lassen würde, den Kontakt zum Geliebten abzubrechen. Und nun empfahl ich ihm, seiner Frau Zeit zu lassen, damit diese zunächst einmal genauer untersuchen konnte, was sie wirklich will und damit wieder etwas Ordnung in ihr Gefühlschaos kam.

Dass ein Abbruch der Affäre für Irene nicht infrage kam, hatte sie ausdrücklich zu verstehen gegeben. Ihr nun die Pistole auf die Brust zu setzen, hielt ich für keine gute Strategie. Dabei hätte sie sich entweder aus rationalen Gründen für ihren Ehemann und das Fortführen der gemeinsamen Beziehung entscheiden müssen, oder sie hätte ihren berauschten Gefühlen vertraut und wäre zum Geliebten gezogen. Letzteres war alles andere als das, was Sascha sich wünschte. Aber eine Frau, die nur deshalb an seiner Seite blieb, weil er ihr das aufzwang, hätte ihn sicher auch nicht glücklich machen können. Und Irenes Unzufriedenheit wäre dann vermutlich im Laufe der Zeit nur größer geworden. Keine gute Basis für eine glückliche Beziehung! Wenn Irene sich unter Druck für die neue Liebe entscheiden würde, hätte Sascha sich der letzten

Chance beraubt, die Beziehung zu seiner Frau doch noch retten zu können. In meiner Beratungsarbeit habe ich es schon oft erlebt, dass der Zauber der neuen Liebe nach dem Aufdecken des Seitensprungs sich nicht als lange haltbar erwies. Erst wenn die berauschende, den Geist vernebelnde Körperchemie abgeklungen und die Begeisterung für das Neue verflogen sind, ist man wieder in der Lage, alles realistischer zu betrachten. Erst dann kann man die Fakten nüchterner betrachten und erkennen, welche Gefühle, Werte, Ideale, Wünsche und Ziele einem wirklich wichtig sind. Ich erklärte Irene und Sascha, dass ich ihnen keine Paarberatung anbieten konnte. Eine Beratung mache meiner Erfahrung nach nur Sinn, wenn beide mir den gleichen Auftrag erteilen würden. Sein Auftrag an mich lautete: „Bitte, Herr Hillmann, helfen Sie uns, dass wir wieder zusammenfinden!" Sie hingegen hatte keinen Auftrag für mich. Sie hatte kein Interesse an einer Beratung, die das Ziel hatte, mit ihrem Mann wieder zusammenzufinden. Sie wollte jetzt einfach Zeit für die neue Liebe haben. Über alles andere wollte sie zu einem späteren Zeitpunkt entscheiden. Ein Auftrag von beiden, der für mich annehmbar gewesen wäre, hätte wie folgt lauten können: „Herr Hillmann, helfen Sie uns, Klarheit in die Angelegenheit zu bringen." Solch einem Auftrag wollte Sascha aber nicht zustimmen. Ich bot den beiden dann Einzelberatung an, damit sie nicht allein durch die nächsten Wochen und Monate kommen mussten. Diese Hilfe nahmen sie dann aber nicht in Anspruch.

Ich hörte zunächst nichts mehr von den beiden. Etwa fünf Monate später meldete sich dann Sascha wieder telefonisch bei mir. Seine Frau war einige Wochen nachdem die beiden bei mir in der Beratung gewesen waren, zu ihrem Liebhaber gezogen. Sie wollte mit ihm ein neues Leben anfangen. Doch bald stellte sich heraus, dass dieser im Denken, Fühlen und Handeln so unterschiedlich zu ihr war, dass es häufig zu heftigen Streitereien kam. Irene konnte diesen Mann dann mit anderen Augen sehen. Bald wunderte sie sich, dass ihr dieser Mann überhaupt gefallen hatte. Er war eigentlich überhaupt nicht ihr Typ gewesen. Rein optisch erschien ihr dieser Mann alles andere als attraktiv. Eher ganz im Gegenteil. Ihr wurde klar, dass es die netten Worte, die Schmeicheleien und die besondere Aufmerksamkeit waren, die ihr so unendlich gut getan hatten und die ihr die Gefühle des blinden Verliebtseins bescherten. Plötzlich war sie froh, dass die neue Liebe sich als nicht tragfähig erwies. Mit ihrem Ehemann war es in all den Jahren nie zu heftigen Streitereien gekommen. Außer kleineren Meinungsverschiedenheiten gab es keine Auseinandersetzungen. Auf einmal schien ihr altes Leben wieder an Bedeutung zu gewinnen. Da war ein Mann, von dem sie wusste, dass er auf sie wartete, mit dem sie zwei Kinder hatte, ein schönes Haus, viele gemeinsame Freunde, gemeinsame Erinnerungen an die gemeinsame Vergangenheit etc. All das erschien ihr plötzlich wieder wertvoll.

Jetzt war die Zeit da, wo mir beide denselben Beratungsauftrag erteilen konnten. Sie wollten wieder zusammenleben und lernen, die Beziehung spannender, liebevoller und respektvoller zu gestalten, als sie vorher war. Diesen Auftrag konnte ich annehmen. Was an diesem Fall besonders bemerkenswert ist: Sascha und Irene konnten gleich in den ganz normalen Paarberatungsprozess einsteigen, ohne vorab den Seitensprung aufarbeiten zu müssen. Wenn Paare wegen eines Seitensprunges zu mir in die Beratung kommen, sind in der Regel zunächst einmal einige Sitzungen erforderlich, in denen es um die Aufarbeitung des Seitensprunges geht. Ohne diese Klärung vorab, braucht man mit der eigentlichen Paararbeit, bei der es in erster Linie darum geht, sich einander mit mehr Respekt, Wertschätzung, Gleichberechtigung, Verständnis und Empathie zu begegnen, gar nicht zu beginnen. Irene und Sascha brauchten diese Vorabunterstützung nicht mehr. Ich glaube, sie hatten einfach verstanden, dass ein Seitensprung passieren kann und dass einem dann nichts anderes übrigleibt, als sich der Realität zu stellen und zu schauen, was möglich ist und was nicht.

Yvonne und Rüdiger
Rüdiger hatte über einige Wochen eine Art Affäre mit einer anderen Frau gehabt. Mittlerweile war diese aber beendet und er berichtete, dass ihm die ganze Sache nie etwas bedeutet hatte. Yvonne und Rüdiger erklärten mir, sie würden sich noch sehr lieben. Für Rüdiger war Yvonne sowieso schon immer die absolute Traumfrau gewesen. Auch Yvonne schwärmte mir vor, was für ein toller Mann

Rüdiger war. Sie wisse, dass sie einen wunderbaren Mann geheiratet habe, der auch wirklich ein ganz besonderer Mensch sei. Sie, er und die drei gemeinsamen Kinder seien die perfekte Familie. Es war nur so, dass es irgendwann einmal zu größeren Schwierigkeiten kam. Yvonne hatte ein Hobby, das viel Zeit in Anspruch nahm. Sie organisierte und leitete einen Chor. Die Proben und alles, was damit zusammenhing, nahmen viel Zeit in Anspruch. Insbesondere an den Wochenenden war sie oft in ihr Hobby eingebunden. Rüdiger gönnte Yvonne den Spaß eigentlich, aber dennoch hatten beide immer weniger Zeit, die sie miteinander verbringen konnten. Erschwerend kam noch hinzu, dass Rüdiger kein allzu stabiles Selbstwertgefühl besaß. So kam es, dass er unterschwellig bald immer öfter das Gefühl hatte, Yvonne würde ihr Hobby deswegen betreiben, weil er ihr nicht viel bedeutete. So nach dem Motto: „Wenn ich dir wirklich etwas bedeutete, würdest du nicht dieses zeitintensive Hobby pflegen!" Immer öfter machte er ihr diesbezüglich Vorwürfe. Tatsächlich hatte Yvonnes Hobby aber überhaupt nichts damit zu tun, wie sehr sie ihren Mann liebte und wie viel er ihr bedeutete. Rüdiger war für sie der tollste Mann, den es überhaupt gab. Es erfüllte sie einfach nur mit großer Freude, den Chor zu leiten und immer wieder neue Lieder einzustudieren. Es waren stets Lieder, die jeder kennt, aber immer wurden die Songs von ihr kreativ verändert, sodass aus jedem altbekannten Song etwas ganz Neues wurde. Früher als junge Frau hatte sie immer davon geträumt, einmal Schlagersängerin zu werden. Es ergab sich jedoch nie, diesen Traum zu realisieren. Es war für sie aber auch nie ernsthaft ein wirkliches berufliches Ziel gewesen. Es war mehr so eine Art Traum, den viele junge Menschen so ganz nebenbei träumen, von dem sie aber wissen, dass er unrealistisch ist und es deswegen auch nicht wirklich ein großes Bedauern darüber gibt, dass dieser Traum nicht verwirklicht werden kann. Umso größer ist die Freude dann, wenn man eine Möglichkeit findet, solch einen Traum dennoch ein Stück weit in Erfüllung gehen zu lassen. Der Hobby-Chor ist für Yvonne sogar die perfekte Lösung. Denn einerseits träumte sie früher zwar von einer erfolgreichen Karriere als Schlagersängerin, aber auf das Leben solch eines Stars hatte sie eigentlich nie Lust gehabt. Immer unterwegs, von einer Bühne zur anderen. Jede Nacht in einem anderen Hotel übernachten. Nein, das stand ihrem Traum von einem ganz normalen Familienleben als Ehefrau und Mutter entgegen. Mit der Leitung des Hobby-Chores konnte sie beide Träume verwirklichen.

Rüdiger hatte bald immer öfter das Gefühl, dass Yvonne der Chor wichtiger war als er. Die beiden gerieten immer häufiger darüber in Streit. Das ging eine ganze Zeit lang so und irgendwann kam es dazu, dass Yvonne so genervt und verletzt von Rüdigers ständigen Anklagen war, dass sie ihm sagte, sie könne das nicht mehr länger ertragen und es sei aus zwischen ihnen. Er solle seine Sachen packen und gehen. Wutentbrannt packte Rüdiger damals seine Koffer und zog zu einem Freund. Für ihn brach eine Welt zusammen. Auch wenn er diese Auseinandersetzungen mit Yvonne hasste, so war Yvonne doch noch immer seine Traumfrau. Er hatte sich nie vorgestellt, jemals eine andere Frau lieben zu können. Und plötzlich war es aus zwischen ihnen. Das war einfach zu viel für ihn. Er war so verzweifelt, dass er in dieser für ihn sehr schweren Zeit in den Armen einer Arbeitskollegin Trost suchte. Es kam ein paar Male zu Intimitäten, aber das, was er eigentlich vermisste, fand er bei dieser Frau nicht. Als Yvonne von der ganzen Sache erfuhr, brach auch für sie eine Welt zusammen. Nun wollte sie erst recht nichts mehr mit Rüdiger zu tun haben. Dass er ihr einmal untreu werden würde, das hätte sie niemals von ihm gedacht. Sie war am Boden zerstört.

Dennoch: Yvonne und Rüdiger hatten sich irgendwann wieder zusammengerauft und entdeckt, dass sie sich doch wirklich sehr lieben. Allerdings kam Yvonne nicht über den Seitensprung hinweg. Immer wieder quälten sie tausend Fragen, sodass sie sich schwertat, sich wieder ganz und gar auf Rüdiger einzulassen. Deswegen kamen sie dann schließlich zu mir in die Beratung.

In den ersten beiden Beratungssitzungen durchleuchteten wir die Situation aus mehreren Perspektiven. Und obwohl beide sehr gut miteinander umgingen, es niemals zu Streitereien kam und ich von Anfang an den Eindruck gewann, dass beide während den Sitzungen sehr ehrlich, offen, engagiert und interessiert mitarbeiteten und zu vielerlei Einsichten kamen, veränderte sich im Gefühl von Yvonne absolut gar nichts. Yvonne verstand, dass im

Grunde alles halb so schlimm war; sie wusste, welche Umstände zu dieser unerfreulichen Eskapade geführt hatten; ihr war klar, was sie an Rüdiger hatte und sie vertraute ihm auch, dass er so etwas nie wieder tun würde. Sie wusste, wie sehr Rüdiger sie liebte und daran hatte sie auch überhaupt keine Zweifel mehr. Aber dennoch liefen ihr immer wieder die Tränen und sie sprach davon, wie sehr sie es dennoch verletzt, dass Rüdiger mit einer anderen Frau im Bett war. Rüdiger war nebenbei bemerkt nicht der Meinung, dass er untreu gewesen war. Schließlich hätte Yvonne ja mit ihm Schluss gemacht. Er habe angenommen, dass es wirklich Schluss war zwischen ihm und seiner Frau.

Da nichts darauf hinwies, dass die Ursache für ihren seelischen Schmerz irgendetwas mit ihrer Kindheit oder Jungend zu tun hatte – eventuell eine traumatisierende Scheidung ihrer Eltern oder Sonstiges – schauten wir uns gemeinsam noch einmal an, welche Vorstellung von Liebe und Beziehung Yvonne verinnerlicht hatte.

Um die Geschichte etwas abzukürzen: Es stellte sich heraus, dass Treue für Yvonne ein extrem hohes Ideal war. Ich muss das allerdings an dieser Stelle noch etwas differenzierter darstellen: Genauer gesagt hatte Yvonne Treue nämlich mit einem ganz gewissen Anspruch verknüpft. Es gab etwas, das für sie so unverzichtbar wichtig war, wie nichts anderes. Sie träumte schon als kleines Mädchen davon, irgendwann einmal dem Mann ihrer Träume zu begegnen. Eines erschien für sie dabei ganz besonders bedeutungsvoll. Eines musste sich einfach unbedingt erfüllen, damit sich ihr Traum vom Traummann für sie als erreicht und erfüllt anfühlen konnte. Und das war Folgendes: Ihr allerhöchstes, wichtigstes, unbedingt zu erreichendes Ideal war, dass nur der Mann ihr absoluter Traummann sein konnte, der ihr immer und ausnahmslos treu sein würde. Wenn ein Mann dieses Ideal nicht erfüllen kann, dann konnte es nicht ihr Traummann sein. Davon war sie zu tiefst überzeugt, allerdings ohne dass sie sich dessen wirklich vollumfänglich bewusst war. Die bloße Begrifflichkeit bzw. die Bedeutung des Wortes „Seitensprung" oder auch des Wortes „Fremdgehen" löste deshalb auch an sich gar keine allzu große Reaktion mehr in ihr aus. Diese Begrifflichkeiten bereiteten ihr keine größeren Schwierigkeiten mehr. Deshalb hatte sie den

Seitensprung von Rüdiger einerseits bereits recht gut verarbeitet. Aber das unbewusste hohe Ideal, dass sie mit dem Begriff Traummann verknüpfte, hatte sich nun leider mit Rüdiger nicht erfüllt. Dieser Anspruch, den Yvonne an den Mann ihrer Träume hatte, war verfehlt. Und zwar unwiederbringlich und für alle Zeiten. Rüdiger war untreu gewesen und damit konnte er das hohe Ideal, das Yvonne an einen Mann, den sie als Traummann akzeptieren würde, nicht erfüllen – niemals mehr. Das Ideal war für immer verloren. Zumindest wenn sie mit Rüdiger zusammenbleiben wollte. Der seelische Schmerz, der Yvonne nicht zur Ruhe kommen ließ, war also eine Art Mischung aus Enttäuschung und Trauer. Es war die Enttäuschung darüber, dass Rüdiger ihr nicht ihren größten Traum erfüllt hatte und nun auch nicht mehr erfüllen konnte. Natürlich würde er ihr in Zukunft treu sein. Daran hatte sie keine Zweifel, aber zu dem Mann, der ihr niemals im Leben untreu sein würde, konnte er nun nicht mehr werden. Davon, dass Enttäuschungen häufig viel mehr mit einem selbst zu tun haben, als mit jenem, von dem man sich enttäuscht fühlt, wusste sie nichts. Ihre Trauer galt dem verfehlten Ideal. Da Yvonne sich für Rüdiger entschied, war zunächst ein wenig Selbstreflexion und Trauerarbeit zu leisten, bevor wir mit der regulären Paararbeit beginnen konnten. Yvonne durchleuchtete ihre Enttäuschung von allen Seiten und lernte auch, den Verlust ihres überhohen Anspruchs zu betrauern. Als Ersatz für ihr hohes Ideal fanden wir eine etwas weniger strenge Formulierung, die sie sich für einige Wochen täglich mehrmals selbst vorlas und auf diese Weise verinnerlichte. Es gelang ihr schließlich, das alte strenge Ideal mit dem neuen gelockerten Ideal zu überschreiben. Mit der darauf folgenden Paararbeit lernten beide, einander mit mehr Wertschätzung, Respekt, Gleichberechtigung, Verständnis und Empathie zu begegnen sowie die Beziehung bewusster zu gestalten.

Iris und Wolfgang

Iris und Wolfgang kamen nicht wegen eines Seitensprunges zu mir, sondern Iris hatte nach zwölf Jahren Ehe den Wunsch, zwei Männer zu lieben. Mit ihrem Ehemann Wolfgang führte sie ein fast perfektes Leben. Sie liebten sich, hatten eine elfjährige pflegeleichte Tochter und einen ebenso pflegeleichten neunjährigen Sohn, ein schönes Eigenheim, viele gemeinsame Freunde, keine finanziellen Sorgen und auch sonst vieles, wovon man so träumt. Sexuell gab es eine stabile, tiefe Bindung zwischen ihr und ihrem Mann. Diese Liebe war eine Liebe, die hauptsächlich von Gefühlen der Verbundenheit, Vertrauen, Respekt und anderen Gefühlen der Zuneigung und liebevollen Zuwendung geprägt wurde. Die dabei empfundene Erotik war innig, zärtlich und sanft. Im Grunde war diese Liebe so, wie es für eine glückliche, funktionierende, längere Partnerschaft wünschenswert ist. Viele andere Paare, die zu mir in die Beratung kommen, würden von solch einer Sexualität mit ihrem Partner nur träumen.

Iris hingegen hatte bei einem Seitensprung mit ihrem früheren Arbeitskollegen Peter entdeckt, dass es jenseits dieser wunderbaren, zärtlichen, liebevollen Liebe auch noch eine ebenso wundervolle, wilde, feurigheiße Liebe gibt, die sich eben nicht aus einer zärtlichen, vertrauensvollen, langjährigen inneren Verbindung heraus entfacht, sondern die sich von purer, hemmungsloser, freizügiger, unverbindlicher, oberflächlicher Fleischeslust nährt. Es war eine Lust, die mit einem liebevollen, zärtlichen Mann, der zugleich Freund, Vater der Kinder und vieles andere für sie war, einfach nicht gelebt werden konnte. Bei ihrem vertrauten, liebevollen Mann hätte sie sich niemals so gehen lassen und solch „schmutzigen" Sex praktizieren können, wie er mit Peter möglich war. Vor Wolfgang hätte sie sich dafür geschämt. Mit Peter verband Iris ansonsten nichts. Peter hatte eine eigene Familie. Weder Iris noch Peter waren daran interessiert, die Beziehung zu vertiefen und auch andere Aktivitäten gemeinsam zu unternehmen. Das einzige, das sie miteinander verband, war die sexuelle Lust. Da es viel Offenheit, Ehrlichkeit, Vertrauen, Respekt und Verständnis zwischen Iris und Wolfgang gab, war es für die beiden kein großes Problem, über die ganze Angelegenheit respektvoll und erwachsen zu sprechen.

Für Wolfgang waren die Offenbarungen seiner Frau zunächst natürlich höchst unerfreulich. Aber eben weil sie sich beide sehr liebten und beide jeweils am Glück des anderen interessiert waren, ließ er sich auf den Wunsch seiner Frau ein. Da er wegen der Arbeit viel außer Haus war und manchmal auch für einige Tage ins

Ausland reisen musste, dachte er sogar, dass er dann künftig kein schlechtes Gewissen mehr dafür haben musste, wenn seine Frau derweil so lange alleine war. Das fand er im Grunde einen guten Gedanken. Doch Wolfgang merkte irgendwann, dass ihm die ganze Sache doch immer mehr zu schaffen machte. Irgendwie kam er mit dieser Dreier-Konstellation nicht wirklich gut zurecht. Unterschwellig gab es doch eine Angst, seine Frau irgendwann verlieren zu können. Und eben weil es genug Offenheit, Ehrlichkeit, Vertrauen, Respekt und Verständnis zwischen ihm und seiner Frau gab, sprachen sie auch häufig gemeinsam über sein Unwohlsein und seine Bedenken.

Die Gespräche verliefen meist so, dass Iris ihren Mann davon überzeugen konnte, dass er sich keine Sorgen machen musste. Niemals würde sie Wolfgang verlassen wollen. Er war schließlich die Nummer Eins in ihrem Leben. Falls Wolfgang sie vor die Wahl stellen sollte, würde sie sich auf jeden Fall für Wolfgang entscheiden und mit Peter Schluss machen. Wolfgang ging es nach diesen Gesprächen dann immer zunächst einmal wieder gut. Seine Zweifel waren verflogen und das Vertrauen in die gemeinsame Ehe wieder hergestellt.

Doch immer wieder schlichen sich mit der Zeit erneut die gleichen schmerzenden Gefühle ein. Iris dazu zu nötigen, die Beziehung zu Peter zu beenden, das wollte Wolfgang jedoch nicht. Es war ihm wichtig, für Iris der Mann zu sein, der sie glücklich macht und der sie nicht in ihrer Entwicklung und Entfaltung behinderte. So kam es, dass die beiden zu mir in die Beratungspraxis kamen. Da Wolfgang vom Kopf her eigentlich nicht wirklich etwas gegen den Wunsch seiner Frau einzuwenden hatte, hinterfragten wir in den gemeinsamen Sitzungen seine Bedürfnisse. In der ersten Stunde sprachen wir über alles, was er an Werten, Idealen und sonstigen Vorstellungen und Erwartungen über Liebe und Beziehung im Laufe seines Lebens erlernt und verinnerlicht hatte. Da es keine in Stein gemeißelten, überhöhten, erlernten Überzeugungen gab, die seinen unguten Gefühlen zugrunde liegen konnten, nahmen wir uns in der nächsten Sitzung seine natürlichen Bedürfnisse vor. Hier schauten wir uns an, welche grundlegenden menschlichen Bedürfnisse keine Erfüllung mehr finden, wenn man den Partner an einen anderen Menschen verliert. Denn das war ja die unterschwellige Angst, die Wolfgang immer öfter in sich wahrnahm. Obwohl er seiner Frau vertraute, gab es einen Anteil in ihm, der sich davor fürchtete, sie dennoch verlieren zu können. Wie weiter vorne bereits beschrieben, stürzen in dem Moment, wo man den Partner an einen anderen verliert, alle vier Grundpfeiler aller menschlichen Bedürfnisse in sich zusammen. Und mit ihnen alle anderen Bedürfnisse, die wir auch noch haben und die auf den vier Grundpfeilern aufbauen.

Zur Wiederholung:

Die vier Grundpfeiler aller menschlichen Bedürfnisse:

1. Das Bedürfnis nach Bindung (im Sinne von Verbindung, Zugehörigkeit zu einem Partner, zu Familie, Freunden, Bekannten etc.)
2. Das Bedürfnis nach Sicherheit (im Sinne von Kontrolle über das eigene Leben behalten, Ordnung, Struktur, Klarheit, Orientierung)
3. Das Bedürfnis nach Selbstwert (im Sinne von Selbstwerterhaltung, Selbstwerterhöhung)
4. Das Bedürfnis nach Lebenslust (im Sinne von Lustgewinn, Unlustvermeidung)

Schauen Sie sich die vier Basisbausteine aller menschlichen Bedürfnisse noch einmal an! Was macht es mit uns, wenn wir Angst haben, den Partner zu verlieren? Was macht das mit den überaus wichtigen Bedürfnissen nach Bindung bzw. Zugehörigkeit? Wie ist es um Sicherheit bzw. Kontrolle bestellt? Wie wirkt sich das auf den Selbstwert aus? Oder auf die Lebenslust? Die Antwort ist klar: Alle vier Grundpfeiler der menschlichen Bedürfnisse und damit alle anderen Bedürfnisse, die auf ihnen aufbauen, stürzen urplötzlich in sich zusammen. Es ist, als würde einem der Boden unter den Füßen weggezogen. Nichts scheint mehr in Ordnung zu sein. Kein Bedürfnis scheint mehr erfüllt. Alles gerät aus dem Gleichgewicht. Nichts scheint mehr sicher. Nichts hat man mehr unter Kontrolle. Der Selbstwert ist im Keller. Die wichtigste Bindung aufs Höchste gefährdet. Kein Lustgewinn, also keine Lebensfreude mehr in Sichtweite.

Wolfgang wurde klar, dass seine unterschwellige Angst nur ganz natürlich war. Sie hatte etwas mit seinen grundlegendsten menschlichen Bedürfnissen zu tun. Jeder andere, der sich auf ein Vergleichbares Beziehungsabenteuer einlassen würde, hätte vermutlich ähnliche Probleme. Zumindest dann, wenn man sich zuvor noch niemals mit dem Wunsch nach einer offeneren Beziehung beschäftig hätte.

In der Beratung erarbeiteten wir dann eine Strategie, wie Iris und Wolfgang künftig gemeinsam die vier Grundpfeiler aller menschlichen Bedürfnisse mehr im Blick halten und stärken konnten. Beide sollten für sich selbst und für den jeweils anderen darauf achten, dass ihre Bedürfnisgrundpfeiler keinen Mangel an Erfüllung erleiden. In einer Beziehungssprechstunde, die die beiden einmal wöchentlich zu Hause miteinander durchführten, sorgten beide regelmäßig und konstant mit offenen, ehrlichen und respektvollen Gesprächen dafür, dass die vier Grundpfeiler durch die Dreierkonstellation nicht erschüttert werden konnten. Die vertrauensvolle, tiefe Bindung, die zwischen Iris und Wolfgang bestand, wurde dabei noch intensiver, als sie sowieso schon immer gewesen war.

Viviane und Andreas
Viviane war eine vielbeschäftigte Frau, die ihrer Karriere so viel Aufmerksamkeit schenkte, dass für Andreas kaum Zeit übrig blieb. Sie war durch und durch Geschäftsfrau und jagte von einem Geschäftstermin zum anderen. Andreas kümmerte sich nahezu allein um die Betreuung der beiden gemeinsamen Kinder. Er war zufrieden in der Rolle als Hausmann und Vater. Nur seine Frau fehlte ihm. In der wenigen Zeit, in der sie zu Hause war, kam es nur noch selten zu gemeinsamen Unternehmungen und noch viel seltener zu Sex. Viviane war meistens nicht in der Stimmung. Ihr Kopf war nie ganz frei von Gedanken, die sich um ihre geschäftlichen Aktivitäten drehten. So kam es, dass Andreas sich irgendwann mit einer seiner Ex-Freundinnen traf und beide am

Ende im Bett landeten. Von da an verabredeten sie sich immer wieder mal zu heimlichen Seitensprüngen. Das ging ca. vier Monate lang so, bis die ganze Sache aufflog. Viviane hatte natürlich im ersten Moment völlig verstört und wütend darauf reagiert. Aber es dauerte nicht lange, bis sie zu der Überzeugung kam, dass so etwas ja eigentlich nicht verwunderlich sei, wenn man seinen Mann so vernachlässigte. Viviane und Andreas redeten lange über alles und schließlich entschied sich Viviane dafür, der Sache nicht so viel Bedeutung beizumessen und Andreas zu verzeihen. Andreas war darüber sehr froh und erleichtert. Der Seitensprung war ihm eine Lehre. Für ihn war klar, dass er nie wieder fremdgehen würde. Er liebte seine Frau schließlich über alles. Das gemeinsame Leben wollte er nicht noch einmal aufs Spiel setzen.

Das Fatale an der ganzen Geschichte war jedoch, dass die beiden ansonsten nichts aus dem Zwischenfall gelernt hatten. Sie lebten ihr Leben genauso weiter wie zuvor. Viviane arbeitete viel und hatte ansonsten kaum Zeit für irgendetwas. Für gemeinsame Unternehmungen genauso wenig wie für Liebe, Zärtlichkeiten und Sex. Die einzige Lehre, die die beiden aus dem Seitensprung gezogen hatten, schien zu sein, dass Andreas niemals wieder fremdgehen durfte. Das Beziehungsglück wurde also daran gemessen, ob man einander treu bleibt oder nicht. Alles andere schien ihnen scheinbar weniger wichtig. Andreas nahm die ganze Verantwortung sogar auf sich. Er war bereit, in Zukunft Treue zu geloben. Ansonsten blieb alles genauso wie früher. Viviane arbeitete viel und Andreas kümmerte sich um Haus, Garten, Kinder und um den Hund, den es auch noch gab. Seine Sexualität lag im wahrsten Sinne des Wortes auf Eis. Und vermutlich wurde von ihm erwartet, sie ein Leben lang einzufrieren. Nun war Andreas ein Mann, dem Sex nie so wichtig war wie vielen anderen Männern. Freunde von ihm gingen ihm häufig mit ihrem ständigen Gequatsche über Frauen und Sex auf den Wecker. In seinem Freundeskreis gab es Männer, die sich mehrmals am Tag selbstbefriedigten, wenn sie zu Hause keinen Sex haben konnten, weil sie sonst durchdrehten und einfach nicht wussten, wo sie mit ihrer Lust hinsollten. Ihr Trieb bestimmte fast den ganzen Tag über ihr Denken, Fühlen und Handeln. Andreas war froh, dass das bei ihm nicht so war, denn wie hätte er sonst die Beziehung mit einer Frau aushalten sollen, die sich alle zwei Monate mal zu ein wenig Sex überreden ließ? Aber dennoch kam Andreas irgendwann dann wieder an dem Punkt an, wo ihm die Beziehung mit Viviane unglücklich machte. Er liebte sie und die Kinder. Ja, alles, was sie gemeinsam besaßen, machte ihn glücklich. Nur die fehlende Nähe zu seiner Frau und alles, was mit Nähe und Zweisamkeit zusammenhängt (auch Sexualität) machten ihn unglücklich. Irgendwann sprach Andreas seine Frau an und teilte ihr mit, dass es so nicht mehr weitergehen konnte. Er sei ja gerne zu Hause und alles sei ja auch ansonsten wunderbar, aber dass es gar keine Zweisamkeit und so gut wie gar keine Sexualität gab, dass könne keine Grundlage für eine glückliche Partnerschaft sein. Viviane blockte alle seine Argumente ab. Außerdem würde es nicht nur an ihr liegen, dass es keinen Sex mehr zwischen beiden gibt, sondern auch daran, weil sie ihm den Seitensprung in Wahrheit nie wirklich verziehen hätte. Lange Rede kurzer Sinn, sie waren nicht in der Lage, verständnisvoll miteinander zu kommunizieren. Stattdessen kam es immer öfter zu heftigen Streitereien. Als irgendwann bei beiden die Nerven blank lagen, kamen sie schließlich zu mir in die Beratung.

Um die Geschichte abzukürzen: Viviane hatte noch an dem Seitensprung zu knabbern, ansonsten war sie mit ihrem Leben im Großen und Ganzen zufrieden. Sie zog viel Lebensfreude und Selbstwert aus ihrem höhenflugartigen Geschäftserfolg. Andreas war unzufrieden, weil es viel zu wenig Zweisamkeit und Sexualität gab, ansonsten war er mit seinem Leben im Großen und Ganzen zufrieden. Er konnte viel Lebensfreude und Selbstwert aus seiner Hausmanns- und Vaterrolle ziehen. So war es! Das war die Realität! Es war die Wirklichkeit, die es in der gemeinsamen Beziehung gab und der sich beide zu stellen hatten. Es war die Situation, für die beide eine Lösung finden mussten, wenn sie zukünftig zufriedener und glücklicher miteinander leben wollten.

Solch eine Lösung lässt sich nicht während eines respektlosen Wortgefechts erstreiten! Sie lässt sich auch nicht dadurch herbeiführen, indem man versucht, die Probleme unter den Tisch fallen zu lassen, und auch nicht dadurch, die Schuldfrage zu klären!

Also es geht nicht darum, wer Recht hat oder nicht; wer berechtigter ist als der andere; wessen Unglück größer oder kleiner ist als das des anderen etc. Es geht auch nicht darum, wer die besseren Argumente vorbringen kann oder sich besser gegen den anderen durchsetzt. Es geht darum, dass beide aus jeweils anderen Gründen heraus unzufrieden sind. Das ist so. Das kann man nicht leugnen, wegwischen, kleinreden oder als unwichtig abtun. Das ist zu akzeptieren. Es ist als gegeben zu respektieren. Beide Seiten sind gleichberechtigt. Die Gründe des einen sind genauso wichtig, berechtigt und existent wie die Gründe des anderen. Es gilt, gemeinsam zu erforschen, welche Möglichkeiten es gibt, künftig zufriedenen miteinander auszukommen. Zumindest dann, wenn man ein Paar sein möchte.

Konkret hieß das in diesem Fall erstens: Wie kann es möglich werden, dass wir wieder mehr qualitativ hochwertige Zeit füreinander und miteinander haben, sodass auch wieder genug Raum für entspannte Unternehmungen, Nähe, Zärtlichkeit und Sexualität vorhanden ist? Zweitens: Wie können wir den Seitensprung so aufarbeiten, dass er seine negativen Auswirkungen auf die gemeinsame Beziehung verliert und vor allem, was können wir daraus für die Zukunft lernen?

Zu erstens: Da es in diesem Buch um Seitensprünge geht, hier nur eine kurze Zusammenfassung: Viviane sah ein, dass es für die Fortführung ihrer Beziehung wichtig war, mehr Zeit für ihren Mann und die Familie zu haben. Viviane war allerdings noch für fast zwei Jahre in ein Projekt eingebunden, dass sehr arbeitsintensiv war. Sie konnte jetzt einfach nicht weniger arbeiten. Aber sie einigte sich mit Andreas darauf, dass sie nach Beendigung des Projekts nur noch sechs Stunden an jeweils vier Tagen in der Woche arbeiten ging. Auf diese Weise würde sie ausreichend Freizeit zur Verfügung haben und immer noch genug Geld verdienen. Diese Aussicht war auch für sie selbst erfreulich. Die Situation änderte sich zunächst für Andreas dadurch zwar noch nicht, aber die Aussicht auf eine entspanntere gemeinsame Zukunft mit wesentlich mehr Freizeit beflügelte seine Stimmung und er konnte sich gut vorstellen, noch so lange zu warten.

Zu zweitens: Viviane und Andreas warfen in drei Beratungssitzungen noch einmal gemeinsam einen Blick auf den Seitensprung, der damals geschehen war und den Viviane noch nicht ganz verarbeitet hatte. Wir durchleuchteten die Umstände, die dem Ausrutscher zugrunde lagen. Wir betrachteten die natürlichen Bedürfnisse die durch den Vorfall selbstverständlich erschüttert wurden, sowie die erlernten Überzeugungen, rund um die Themen Bindung, Liebe, Zweisamkeit, Treue etc. die die seelischen Schmerzen noch um ein Vielfaches intensivierten. Viviane tat sich sehr schwer, den Seitensprung einmal aus einer Metaebene zu betrachten. Es gelang ihr zunächst nicht, die eigene Wahrnehmungs- und Bewertungsbrille abzulegen und alles sachlich, nüchtern und unvoreingenommen zu betrachten. Immer wieder sagte sie so etwas wie: „Ja, okay, ich erkenne schon, dass ich da meinen Anteil habe, aber dennoch finde ich, dass das hätte nicht passieren dürfen und das so etwas auch nicht zu rechtfertigen ist".

Dazu möchte ich sagen: Es geht vordergründig nicht darum, dass man erkennt, welchen Anteil man selbst am Seitensprung des Partners hat. Es geht wie schon öfter in diesem Buch erwähnt nicht um das Klären von Schuld. Es geht auch nicht darum, einen Seitensprung zu rechtfertigen. Es geht darum, zu erkennen, dass es Gründe gibt, die zu dem, was geschehen ist, geführt haben. An den Gründen ist nicht der eine oder der andere Schuld. Es sind nur beide an den Gründen, die schließlich zum Seitensprung führten, beteiligt. Es gibt dann einfach Dinge, über die man gemeinsam offen, ehrlich und respektvoll reden sollte, damit die Beziehung sich künftig so gestaltet, dass keiner mehr an irgendeiner Stelle einen Mangel an erfüllten Bedürfnissen erleidet. Unerfüllte Bedürfnisse haben immer Folgen. Unerfüllte Bedürfnisse streben nach Erfüllung. Respektvolle, in einem guten Sinne zielführende Erfüllungsstrategien können wir nur dann finden, wenn wir über alles offen, ehrlich, empathisch, respektvoll, verständnisvoll und gleichberechtigt mit unserem Partner sprechen können. Können wir das nicht, weil Offenheit und Ehrlichkeit zu Bevormundung, Streit, Anschuldigung, Beleidigung, Kränkung, Verletzung etc. führen, ist es schwer, für unsere unerfüllten Bedürfnisse stets angemessene Erfüllungsstrategien zu finden. Die unerfüllten Bedürfnisse bleiben dann unerfüllt. Sie hören aber nicht auf, nach Erfüllung zu streben. Sie werden Mittel und Wege finden, sich über unbewusste Erfüllungsstrategien Erfüllung zu verschaffen.

Unbewusste Erfüllungsstrategien haben eine Eigendynamik. Sie kommen – wie der Name schon sagt – nicht bewusst zum Einsatz. Um bewusst nach guten Erfüllungsstrategien suchen zu können, müssen wir über unsere Bedürfnisse, Wünsche und Ziele mit dem Partner offen und ehrlich sprechen können. Können wir das nicht, suchen unsere unerfüllten Bedürfnissen in unbewusster Eigenregie selbst nach Wegen, über die sie sich Erfüllung verschaffen können. Diese lassen sich im Nachhinein häufig nicht als respektvoll und im positiven Sinne zielführend identifizieren.

Nochmal, weil es leicht verwechselt werden kann: Nicht am Seitensprung sind beide zu gleichen Teilen beteiligt, sondern an den Gründen und Umständen, die zum Seitensprung geführt haben. Die Beziehung war so, dass Andreas sich dauerhaft vernachlässigt fühlte. Ob er sich zu Recht oder zu Unrecht vernachlässigt fühlte, spielt keine Rolle. Darüber kann niemand entscheiden. Für Andreas war es so. Und das wirkte sich auf seine Befindlichkeit, auf sein Denken, Fühlen und Handeln aus.

Um die Geschichte weiter abzukürzen: Irgendwann führte das zum Seitensprung. Natürlich musste es nicht zwangsläufig zum Seitensprung kommen, aber in diesem Fall war es nun mal so. Egal, ob ich als Berater, Sie als Leser, Viviane als Ehefrau oder sonst wer Verständnis dafür hat oder nicht, es ist so gekommen, wie es gekommen ist. Es ist so wie es ist. Das ist die Realität.

Es geht deshalb darum, sich der Realität zu stellen. Es geht darum, zu erkennen, dass die Idealvorstellung, die man von Liebe, Treue und Beziehung hat, manchmal von der Realität abweichen kann. Und zwar nicht weil der Partner ein charakterloser, unzuverlässiger, schuldiger, vertrauensunwürdiger Mensch ist, sondern weil die Lebensumstände, die Bedürfnisse, die Gedanken, Gefühle, Wünsche, Hoffnungen, Befindlichkeiten, Ängste, Verwirrungen und Sehnsüchte eines Menschen nicht immer in Balance sind und weil es Situationen im Leben geben kann, in denen Menschen nicht so denken, fühlen und handeln, wie es vielleicht angemessen, sinnvoll, gerecht, anständig, gut und richtig wäre.

Alles was Viviane und Andreas in den einzelnen Beratungssitzungen unter die Lupe nahmen, genauer hinterfragten und herausfanden, führte dazu, dass Viviane schließlich erkannte: Andreas war ein vertrauenswürdiger, liebenswerter, liebevoller, zuverlässiger, toller Mann, der einen Fehler machte, weil die Umstände so waren wie sie waren, und weil seine emotionalen und mentalen Befindlichkeiten ebenfalls so waren wie sie waren.

Zunächst war Viviane jedoch nur mental zu dieser Erkenntnis fähig. Auf ihre Gefühlswelt wirkte sich diese noch nicht spürbar aus. Noch immer überkam sie in gewissen Momenten ein schmerzliches Gefühl. Das ist nicht ungewöhnlich. Gedanken lassen sich durch bewusstes Reflektieren und die daraus resultierende Erkenntnis verhältnismäßig einfach verändern. Dieser Prozess findet jedoch nur im Kopf (im Geiste) statt. Bei Gefühlen sieht das anders aus. Hier muss die Veränderung im Bauch bzw. im Herzen stattfinden, sprich, in Körper und Seele.

Gewohntes Denken können wir also ersetzen, indem wir durch Erkenntnis zu neuem Denken finden. Auf unser Handeln und auf unsere Gefühle wirkt sich das neue Denken aber erst nach und nach aus. Alte Gewohnheiten des Handelns und Fühlens müssen erst aufgeweicht und überwunden werden, damit Neues Handeln und neues Fühlen zur Gewohnheit werden können. Dazu muss man sich die neuen Erkenntnisse zunächst immer wieder mal ganz bewusst in Erinnerung rufen, damit sie nicht wieder in Vergessenheit geraten und das alte Denken auch wirklich ablösen. Wie kann es uns also gelingen, dass gewohnte Gefühle durch neue Gefühle ersetzt werden?

Bevor Gefühle sich verändern können, muss zunächst einmal eine Erkenntnis im Geiste stattfinden. Das war Viviane ja bereits gelungen. Nun ging es nur noch darum, auch ihren Körper und ihre Seele mit der im Geiste gewonnen Erkenntnis vertraut zu machen. Damit sich ihre Gefühle so verändern konnten, dass sie zu ihrer verstandesmäßigen Erkenntnis passten, führte sie einige Wochen lang eine meditative Übung durch. Viviane erhielt die Aufgabe, sich jeden Morgen kurz vorm Aufstehen und/oder jeden Abend vor dem Zu-Bett-Gehen an ihren seelischen Schmerz zu erinnern. Sie sollte dann ca. dreißig Sekunden lang in den Schmerz hineinspüren und sich dann im Anschluss bewusst machen, dass Andreas ein liebevoller, freundlicher, wertvoller Ehemann und Vater ist, der ihr Vertrauen verdient und dass die leidvollen, schmerzenden Gefühle zu dieser Erkenntnis nicht mehr passen. Dann sollte sie sich an eine Situation aus ihrem Leben erinnern, in der sie sich rundum glücklich und wohl gefühlt hat und ca. eine Minute (oder länger) in diesem Glücksgefühl verweilen. Dabei ging es darum, sich bildlich vorzustellen, wie das Glücksgefühl sich aus ihrem Bauch heraus im ganzen Körper verteilte. Bis es im Kopf, in den Füßen, im Herzen und überall im Körper angekommen war. Dann sollte sie sich bewusst machen, dass dieses Glücksgefühl viel besser zu dem Bild passt, das sie von Andreas gewonnen hatte.

So lernte sie, ihre negativen Gefühle, die in Teilen noch in der alten Überzeugung verhaftet waren, mit der neu gewonnenen Überzeugung vertraut zu machen und sie schließlich mehr und mehr in positive Gefühle zu verwandeln. Weil Viviane üblicherweise kaum Zeit fand, diese Übungen regelmäßig durchzuführen, dauerte es noch fast vier Monate, bis sie mir berichtete, dass sie bei der Bewältigung des Seitensprungs nun keine Unterstützung mehr brauchte. Irgendwann war es so, dass es Viviane gar nicht mehr gelang, sich in den alten Schmerz hinein zu fühlen. Sie hatte ihn erfolgreich mit ihren Glücksgefühlen überschrieben!

Corinna und Roger
In diesem Beispiel geht es zwar nicht um einen Seitensprung, jedoch wird hier ganz besonders deutlich, wie sehr das, was wir an anderen für richtig oder falsch bzw. für kritikwürdig halten, von keiner allgemeingültigen Wahrheit abhängig ist. Vielmehr ist das, was wir an anderen für richtig oder falsch bzw. für kritikwürdig halten, davon abhängig, was wir als richtig oder falsch anzuerkennen gelernt haben. Zusätzlich ist es noch sehr stark davon abhängig, wie entwickelt und stabil unsere Persönlichkeit ist.

Wenn wir in gesundem Maße selbstbewusst, eigenständig, emotional und mental entwickelt sowie sozial kompetent sind, kommen wir viel seltener auf die Idee, das Verhalten anderer für falsch zu halten oder zu kritisieren. Wir sind dann viel mehr in der Lage zu verstehen, dass jeder Mensch unterschiedliche Bedürfnisse, Interessen, Wünsche, Ansichten, etc. hat und dass andere nicht automatisch falsch denken, handeln und fühlen, nur weil sie nicht so denken, handeln und fühlen, wie wir selbst oder wie wir es uns wünschen.

Corinna und Roger sind bereits vierundzwanzig Jahre miteinander verheiratet. Corinna ist mit ihren achtundvierzig Jahren noch immer eine bemerkenswert schöne, jugendlich wirkende Frau. Ich würde sogar sagen, man kann sie als außergewöhnlich attraktive Frau bezeichnen. Sie sieht aus, wie eine amerikanische Filmschauspielerin. Lange, gepflegte, glatte, blonde Haare und tiefblaue Augen. Roger ist ein gepflegter, schlanker, etwas zurückhaltender, attraktiver Typ. Bald berichtete Corinna mir davon, dass sie mit Roger vor etwa zwanzig Jahren einmal in Spanien im Urlaub gewesen war. Dort sei etwas passiert, was ihr heute noch zu schaffen machte und worüber sie nie wirklich ganz hinweggekommen wäre. Sie würde heute noch wütend werden, wenn sie an diesen Vorfall denke. Sie machte es so spannend und wirkte dabei so verletzt und aufgebracht, dass ich vermutete, sie würde gleich von einem Seitensprung berichten. Es war aber anders. Sie sei damals in Spanien mit Roger am Abend in einem Restaurant gewesen. Dort wäre eine weibliche, spanische Bedienung von Tisch zu Tisch gelaufen, um die Gäste zu bewirten. Die Bedienung habe Maria geheißen. Sie hätte lange, lockige, pech-schwarze Haare und dunkelbraune Augen gehabt. Sie sei also der total gegensätzliche Typ im Vergleich zu ihr selbst gewesen. Und es war so, dass sie bemerkte, wie ihr Mann einmal hinter Maria herschaute, als sie an ihrem Tisch vorbeilief. Interessiert hörte ich der Geschichte zu und wartete gespannt ab, in welche Katastrophe die Geschichte gleich münden würde. Doch die Katastrophe folgte nicht erst noch, sondern Corinna hatte sie bereits erwähnt. Die Katastrophe für Corinna war, dass Roger Maria hinterhergeschaut hatte. Das war alles, was er verbrochen hatte!

Corinna berichtete weiter, dass sie damals so sehr von Roger enttäuscht gewesen wäre, dass sie den ganzen Urlaub über schlecht gelaunt war und es immer wieder Streit mit ihrem Mann deswegen gab. Vor diesem „schrecklichen Zwischenfall" – wie sie es nannte – und auch danach sei so etwas Gott sei Dank nie passiert, aber dass es dieses eine Mal passiert war, hielt Corinna schon für schlimm genug. Zweifel überkamen sie seitdem immer wieder. Sie überlegte, ob Roger überhaupt der richtige Mann für sie sein konnte, wenn er auch noch Augen für andere Frauen hatte. Sie konnte den Gedanken nicht ertragen, dass es vielleicht noch eine Frau auf dieser Welt geben könnte, die Roger noch attraktiver fand als sie. Sie redete über Roger wie andere Frauen über ihre Partner sprechen, wenn diese fremdgingen. Es sei damals so gemein von Roger gewesen etc.

Im weiteren Verlauf stellten wir fest, dass Corinnas Mutter von ihrem Mann wegen einer anderen Frau verlassen wurde. Ihre Mutter soll auch eine bemerkenswert schöne Frau gewesen sein. Die neue Frau ihres Vaters sei auch sehr attraktiv gewesen, jedoch war sie ein ganz anderer Typ als Corinnas Mutter. Als das geschah, war Corinna siebzehn Jahre alt. Da ihre Mutter sehr verletzt war, sie kein gutes Haar mehr an ihrem Mann ließ, sie ihn vor ihrer Tochter seitdem schlecht machte und sie nie ganz über diese „Schmach" hinwegkam, wurde diese Begebenheit zu einem prägenden Ereignis für Corinna. Sie war natürlich im Alter von siebzehn Jahren kein Kleinkind mehr, das von der Situation hoffnungslos überfordert war. Dennoch hatte Corinna offensichtlich daraus gelernt, dass Frauen verlassen werden, wenn sie für ihren Mann nicht mehr schön genug sind und dass sie ihre Frauen im Stich lassen, sobald eine schönere auftaucht. Ferner liebten Corinna und ihre Mutter romantische Hollywood-Liebesfilme über alles. Es lag nahe, dass Corinna ein Ideal von Liebe und Beziehung entwickelt hatte, das kaum erfüllbar war. Ihre Vorstellung von Liebe und Partnerschaft war geprägt von unreflektierten Lernerfahrungen aus der Trennung ihrer Eltern und überhöhten, verkitschten Hollywood-Idealen.

Was an diesem Beispiel deutlich werden soll: Das, was wir für richtig, falsch, gut oder schlecht erachten, erachten wir nicht deswegen für richtig, falsch, gut oder schlecht, weil es richtig, falsch, gut oder schlecht ist, sondern weil wir gelernt haben, es für richtig, falsch, gut oder schlecht zu halten. Und weil wir unsere eigene Sicht darüber entwickelt und verinnerlicht haben, was richtig, falsch, gut oder schlecht ist, verteidigen wir unsere Sicht auch gerne gegen jene, die uns etwas anderes erzählen wollen. Wir bleiben gerne bei unserer Meinung. Wir halten sie schließlich für wahr und richtig.

Verändern können wir aber häufig nur etwas, wenn wir erkennen, dass wir manches auch anders sehen und bewerten können. Und wenn wir die Freiheit und Bereitschaft in uns finden, altes, gewohntes Denken, Fühlen und Handeln neu zu reflektieren und gegebenenfalls über Bord zu werfen. Und wenn wir dann auch noch den Mut aufbringen, das Über-Bord-Geworfene neu zu denken, neu zu fühlen und neu zu tun!

Corinna kam nicht zu der Einsicht, ihr Ideal von Liebe und Beziehung überdenken zu müssen. Sie hielt ihre diesbezüglichen Gedanken und Gefühle für ganz normal und einzig richtig. Es seien die anderen, die nicht genug Anstand besäßen und eine falsche Vorstellung von Liebe und Partnerschaft hätten. Was sie – zumindest aus meiner Sicht als Paarberater – dabei völlig übersah, war: sie erwartete von ihrem Mann, er solle genau so sein, wie sie es sich wünschte und wie sie es glücklich machte. Was Roger brauchte, um glücklich zu sein, interessierte sie hingegen nicht. Er hatte keine eigenen Bedürfnisse zu haben. Die einzigen Bedürfnisse, die ein Partner haben konnte – davon war sie überzeugt – waren jene, die sie selbst für gut und richtig befand. Roger durfte glücklich sein, dass er mit ihr zusammen sein konnte. Andere Erwartungen und Bedürfnisse brauchte er ihrer Ansicht nach nicht zu haben. Sie betrachtete die Welt nur durch ihre eigene Brille. Die Brillen der anderen hielt sie für falsch und unanständig. Im Laufe des Gesprächs drängte sich mir immer mehr der Verdacht auf, dass Corinna krankhafte narzisstische Züge aufwies. Wie Roger das vierundzwanzig Jahre lang ausgehalten hatte, war mir schleierhaft. Corinna war nicht in die Beratung gekommen, weil sie an ihrer Persönlichkeit arbeiten oder sich verändern wollte. Sie kam in der Hoffnung, ich könne Roger davon überzeugen, dass sie

Recht hatte mit dem, was sie von ihm erwartete. Roger sollte endlich zum perfekten Ehemann werden, der froh und dankbar ist, mit einer so wunderschönen Frau zusammen sein zu dürfen. Solch einen Auftrag konnte ich natürlich nicht annehmen. Andere Unterstützung, die ich anbieten konnte, brauchte sie ihrer Meinung nach nicht. Im Gegensatz zu Roger hatte Corinna nach unserem Kennenlern-Gespräch kein Interesse an einer Paarberatung in meiner Praxis. So kam es, dass ich die beiden nicht wieder sah.

Dorothea und Sigmar
Die beiden waren schon seit über dreißig Jahren zusammen. Sie erzählten mir, die Beziehung sei vor dem Seitensprung soweit in Ordnung gewesen. Natürlich wäre auch schon einmal die ein oder andere kleinere Meinungsverschiedenheit vorgekommen und man hätte sich auch nicht mehr so viel zu erzählen gehabt, wie beispielsweise am Anfang der Beziehung. Das sei aber ganz normal und bei anderen Paaren ganz genauso. Also gäbe es im Grunde nicht wirklich etwas, was man hier in der Paarberatung als besonders problematisch erwähnen müsste. Und weil doch eigentlich alles in Ordnung war, fand Dorothea es auch ganz besonders schlimm, dass Sigmar vor zwei Jahren eine Affäre mit einer fünfzehn Jahre jüngeren Frau angefangen hatte. Sie erzählte mir unter Tränen, wie enttäuscht sie von ihrem Mann sei. Sie wäre immer für ihn da gewesen. Habe ihm all die Jahre bei allen Schwierigkeiten zur Seite gestanden. Niemals wäre sie auf die Idee gekommen, sich von ihm zu trennen oder sich einen anderen Mann zu suchen. Es war ihr einfach unbegreiflich, dass Sigmar zu solch einer gemeinen, hinterlistigen Tat fähig war. Ihr Vertrauen sei komplett verloren gegangen. Es sei, als kenne sie ihren Mann überhaupt nicht mehr. So, als sei sie mit irgendeinem Fremdkörper verheiratet. Sie hätte ja noch Verständnis gehabt, wenn ihm einmal ein Ausrutscher passiert wäre, aber er habe ja gleich eine richtige Affäre angefangen und sie vier Monate vor ihr verheimlicht.

Weil sie einmal den Verdacht hatte, dass irgendetwas im Busch war, habe sie ihn einige Wochen vor der Aufdeckung des Seitensprungs gefragt, ob er eine andere hätte. Das habe er ausdrücklich verneint und sie sogleich gefragt, wie sie denn so etwas von ihm denken könnte. Diese eiskalte Lügerei wäre für sie noch viel schlimmer als die Tatsache, dass er mit einer anderen Frau Sex gehabt hatte. Dorothea berichtete ununterbrochen weiter. Es war ihr anzusehen, wie verzweifelt sie war und wie sehr sie in ihren Grundfesten erschüttert war. Die ganze Zeit über musste sie sich mit einem Taschentuch die Tränen aus dem Gesicht wischen.

Dann fragte ich Sigmar, ob es etwas gäbe, was er dazu sagen wollte. Er berichtete, ihn habe die Beziehung nicht mehr glücklich gemacht. Es hätte ständig Streitereien gegeben. Man habe sich nichts mehr zu erzählen gehabt und gemeinsame Unternehmungen seien mit seiner Frau auch nicht möglich gewesen, weil sie zu nichts Lust gehabt hätte. Dorothea mischte sich ein und meinte, das stimme ja so gar nicht. Es habe zwar auch mal Streit gegeben, aber dabei sei es um Kleinigkeiten gegangen. Das sei doch nicht so schlimm. „Kannst du mich vielleicht auch mal ausreden lassen", fauchte Sigmar seine Frau dann bald an. Dorothea fing wieder an zu weinen.

Um die Geschichte abzukürzen: Dorothea empfand die Beziehung bis auf ein paar kaum erwähnenswerte Kleinigkeiten als ganz normal und in Ordnung. Sigmar empfand das ganz anders. Er litt darunter, dass man sich nichts mehr zu sagen hatte; dass man keine gemeinsamen Unternehmungen mehr machte; dass Sex nur noch stattfand, wenn Ostern und Weihnachten auf einen Tag fielen; dass man sich ständig wegen irgendetwas in die Haare kriegte etc. Er habe nicht bewusst nach einer anderen Frau gesucht, aber er habe sie zufällig auf einer Firmenfeier kennengelernt. Er habe anfangs noch versucht, sich gegen seine Gefühle zu wehren, weil er selbst es auch nicht richtig findet, den Ehepartner zu hintergehen. Aber er hätte dann doch richtig Feuer gefangen und irgendwann nicht mehr gewusst, wie es weitergehen soll. Seine Frau verlassen, das wollte er nicht. Mit der anderen Frau ein neues Leben anfangen, wollte er auch nicht. Er wollte einfach ein wenig Abwechslung und Freude in sein Leben bringen und wieder das Gefühl haben, für jemanden interessant, spannend und begehrenswert zu sein. Für seine Frau sei er ja sowieso ein Langweiler. Aus diesem Grund habe er das alles auch vor seiner Frau verheimlicht. Er wollte seiner Frau nicht wehtun und er wollte auch die Affäre nicht beenden. Diese brachte schließlich neuen Schwung und Glücksgefühle in sein Leben etc.

Auch wenn Dorothea nicht wusste, wie das überhaupt gehen soll, kam sie letztlich mit der Hoffnung in die Beratung, ich könne ihr und ihrem Mann dabei helfen, wieder zueinander zu finden. Da beide zumindest die vage Hoffnung hatten, dass das doch auch irgendwie hinzubekommen sein könnte, machte ich ihnen folgendes Angebot:

1. Identifizierung der Gründe, die zur Folge hatten, dass einige ihrer Bedürfnisse einen Mangel an Erfüllung erlitten, und die dazu führten, dass es zu diversen Beziehungsproblemen und schließlich auch zum Seitensprung kam.

2. Identifizierung der unerfüllten Bedürfnisse, die bei der Identifizierung der Gründe (unter 1.) identifiziert wurden.

3. Identifizierung der Erfüllungsstrategien, die zur Erfüllung der unerfüllten Bedürfnisse zum Einsatz kamen.

4. Hinterfragung der identifizierten Erfüllungsstrategien auf deren Qualität und Tauglichkeit.

5. Reflexion darüber, welche Erfüllungsstrategien besser und respektvoller zur Erfüllung der unerfüllten Bedürfnisse geeignet gewesen wären, sowie darüber, warum es nicht möglich war, bessere und respektvollere Erfüllungsstrategien anzuwenden.

6. Reflexion darüber, zu welchen Erkenntnissen das Durcharbeiten der Punkte 1. bis 5. geführt haben.

7. Offene, ehrliche, respektvolle, gleichberechtigte Klärung:

   a. Was will ich eigentlich ganz genau? Will ich die Beziehung noch und wenn ja, wie stelle ich mir diese dann vor? Was wünsche ich mir? Was erwarte ich? Was brauche ich unbedingt, um mich in der Beziehung mit dir glücklich fühlen zu können?

   b. Was willst du eigentlich ganz genau? Willst du die Beziehung noch und wenn ja, wie stellst du dir diese dann vor? Was wünschst du dir? Was erwartest du? Was brauchst du unbedingt, um dich in der Beziehung mit mir glücklich fühlen zu können?

c. Passt das, was ich mir wünsche und das, was du dir wünschst, zusammen? Gibt es Unterschiede in dem, was ich mir wünsche, zu dem, was du dir wünschst? Wenn ja, lassen sich unsere unterschiedlichen Vorstellungen und Wünsche miteinander respektvoll vereinbaren? Zu welcher gleichberechtigten, respektvollen Lösung finden wir? Oder gibt es unvereinbare Unterschiede? Wenn es unvereinbare Unterschiede geben sollte, was würde das dann für uns beide bedeuten? Zu welcher gleichberechtigten, respektvollen Lösung finden wir dann?

8. Aufarbeitung des Seitensprungs (falls Fortführung der Beziehung gewünscht): Betrachtung der natürlichen und erlernten Bedürfnisse und Interessen, die den Schmerz auslösen und verstärken etc. Prüfen, ob es möglich ist, manches neu zu sehen und neu zu bewerten. Neue Erkenntnisse gewinnen. Zu neuen Überzeugungen finden. Neue Überzeugungen bewusst machen und mental sowie emotional einüben. Welche Lehre können wir für unsere Zukunft aus dem Seitensprung ziehen?

9. Nach Aufarbeitung des Seitensprungs: Paarberatung (wie können wir unsere Beziehung künftig besser, interessanter und lebendiger gestalten? Wie können wir künftig respektvoller, empathischer, gleichberechtigter, verständnisvoller etc. miteinander kommunizieren und umgehen, damit wir wieder zufrieden und glücklich zusammenleben können? Wie können wir vorsorgen, dass wir nicht irgendwann doch wieder in alte Muster zurückfallen und unsere Beziehung dann womöglich bald wieder an Qualität, Intensität und Lebendigkeit verliert?)

Dorothea und Sigmar nahmen das Angebot an. Die ersten Sitzungen verliefen zäh. Insbesondere Dorothea tat sich schwer, sich mit dem Thema intensiver auseinanderzusetzen. Sie ließ nebenbei auch einmal verlauten, sie sei sich eigentlich noch gar nicht so sicher, ob sie die Beziehung überhaupt noch wollte. Was aber wiederum auch nicht ungewöhnlich ist, wenn es in der Beratung um das Verdauen eines Seitensprunges geht. Da wir die ganze Angelegenheit aber zunächst äußerst sachlich und nüchtern betrachteten, flossen zumindest kaum noch Tränen über Dorotheas Gesicht. Als wir nach einigen Sitzungen die Punkte 1. bis 8. bearbeitet hatten, war Sigmar voller Begeisterung für den Gedanken nun bald mit der weiterführenden Paarberatung beginnen zu können. Er war sich sicher, dass eine gemeinsame Zukunft mit seiner Frau genau das war, was er sich wünschte. Dorothea war da viel weniger euphorisch. Die letzten Sitzungen hatten zwar einiges bei ihr angestoßen und eine Trennung von Sigmar kam für sie mittlerweile auch nicht mehr in Frage. Aber so ganz verdaut hatte sie den Seitensprung noch nicht. Es war bei ihr so, wie es häufig bei Hintergangenen ist. Mental bereitete ihr der Seitensprung keine großen Sorgen mehr. Sie hatte verstanden, wie es dazu kam und akzeptiert, dass es nun mal so war, wie es war. Und sie wusste auch, dass Sigmar es wirklich bereute und ernst meinte mit der Fortführung ihrer Ehe. Auch sie wusste, dass sie die Beziehung wollte, aber ihre Gefühle waren noch immer in Teilen in der Enttäuschung verhaftet, die sie einige Wochen und Monate nahezu ohnmächtig gemacht und ihr Vertrauen stark beschädigt hatte.

Parallel zu den noch vor uns liegenden Paarberatungssitzungen lernte sie ihre Erkenntnisse bewusster zu vertiefen, damit sich auch ihre Gefühle nach und nach verändern konnten. Eine meditative Übung half ihr dabei, das negative Gefühl der damals völlig überraschend auftretenden, lähmenden Enttäuschung mit einem positiven Gefühl einer plötzlich auftretenden, euphorisierenden Überraschung zu überschreiben. Dorothea erinnerte sich einige Wochen lang einmal täglich an die Situation, in der der Seitensprung aufgedeckt wurde. In das Gefühl der damals überraschend auftretenden Enttäuschung sollte sie dabei jedoch nicht weiter eintauchten. Stattdessen sollte sie sich dann von einer Sekunde auf die andere an eine Situation erinnern, in der sie und Sigmar einmal in Griechenland gewesen waren und sie von ihrem Mann ganz und gar unerwartet überrascht und zu Tränen der Freude gerührt wurde. Was genau das war, ist an dieser Stelle unerheblich. In diesem Glücksgefühl verweilte Dorothea dann jedes Mal mindestens zwei bis drei Minuten. Dabei stellte sie sich bildlich vor, wie das Glücksgefühl sich aus ihrem Bauch heraus im ganzen Körper verteilte. Bis es im Kopf, in den Füßen, im Herzen und überall im Körper angekommen war. Danach machte sie sich bewusst, dass dieses Gefühl heute viel besser zu ihrem Mann passt, als das Gefühl, das noch aus einer zurückliegenden Zeit stammte und obendrein tatsächlich ja nur mit einem einzigen Erlebnis zu tun hatte. Sie machte sich klar, dass es viel mehr Positives gab, das sie im Laufe der Jahre mit ihrem Mann erleben konnte, und das mit dem Gefühl der Freude verknüpft war, als dass es Negatives gab. Das negative Gefühl, das ihr immer noch in den Knochen steckte, weil damals eine so unglaublich große Erschütterung ausgelöst wurde, passte zwar zum damaligen Seitensprung, aber es passte nicht mehr zu der aktuellen Situation und dem Bild, das sie insgesamt von ihrem Mann hatte. So gelang es Dorothea von Tag zu Tag etwas mehr, ihre negativen Gefühle zu minimieren und durch positive zu ersetzen.

Katrin und Lars
Wenn ich in meiner Beratungspraxis mit Paaren Beispielfälle zum Thema Grundlagen für die partnerschaftliche Kommunikation bespreche, bekomme ich nicht selten zu hören: „Ja, Herr Hillmann, es ist ja schön und gut, dass eine gute, respektvolle Kommunikation dazu gedacht ist, gut und respektvoll miteinander umzugehen. Aber was ist, wenn mein Partner bzw. meine Partnerin mit mir respektlos umgeht? Soll ich mir das einfach gefallen lassen? Da ist es doch nachvollziehbar und gerechtfertigt, wenn ich sauer reagiere und auch mal ungemütlich oder etwas lauter werde!"

Häufig bekomme ich als Berater auch folgende Argumente zu hören: „Ich sehe halt die Dinge oft anders als mein Partner, und ich habe einfach manchmal Recht mit dem, was ich sage. Da will ich dann auch nicht nachgeben und mich auch nicht auf einen Kompromiss einlassen. Ich will dann einfach, dass wir es so machen, wie ich es will und für richtig halte. Manches ist halt einfach so. Da weiß ich, dass ich im Recht bin und dann will ich auch, dass ich Recht bekomme!" Zur Veranschaulichung nachfolgend ein Beispiel dazu:

Die Geschichte von Katrin und Lars soll verdeutlichen, welche Kommunikationsstrategie sinnvoll zur Klärung und zum Lösen von Problemen ist und welche nicht! Die Situation ist folgende: Katrin und Lars sind sechs Jahre zusammen. Beide lieben sich sehr und haben gemeinsam eine dreijährige Tochter. Lars ging vor einigen Monaten einmal eine gewisse Zeit lang fremd. Lars war nicht auf der Suche nach erotischer Abwechslung gewesen, sondern es bot sich ihm zufällig eine Gelegenheit. Es hatte für ihn nichts mit Liebe zu tun.

Katrin und Lars haben schon des Öfteren über den Vorfall gesprochen. Lars tut alles leid und möchte am liebsten mit der ganzen Sache abschließen und die Beziehung mit Katrin und der gemeinsamen Tochter wieder glücklich fortführen. Katrin ist aber noch nicht soweit. Sie hat noch sehr mit ihren verletzten Gefühlen und schmerzenden inneren Bildern zu kämpfen. Katrin bittet Lars, mit ihr noch einmal klärend über alles zu sprechen. Sie wolle endlich wieder zu Klarheit finden und dafür sei noch mal ein wirklich offenes und ehrliches Gespräch nötig, bei dem all ihre Fragen, die sie noch quälen, beantwortet werden. Sie sagt zu Lars, dass er wirklich offen und ehrlich sein solle, denn sonst hätte alles keinen Sinn und sie würde nie zu der Klarheit und Sicherheit finden können, die sie sich wünsche, um ihm wieder vertrauen zu können.

Lars ist skeptisch, weil alle Versuche, die die beiden vorab unternommen hatten, über den Zwischenfall zu sprechen, scheiterten. Sie mündeten immer recht schnell in einem heftigen Streit. Katrin versicherte Lars, sie sei bereit für die offen und ehrlich ausgesprochene Wahrheit. Er könne ihr ruhig alles sagen. Die Erfahrungen von Lars sahen anders aus. Er glaubte nicht, offen und ehrlich alles sagen zu können, denn er wusste, welche wütenden Anschuldigungen und Anfeindungen er damit in Vergangenheit von Katrin um die Ohren gehauen bekommen hatte. Außerdem wollte er ihr eigentlich nicht noch mehr Details zumuten. Er wollte sie nicht mehr verletzen, sondern zurückgewinnen. Der Seitensprung hatte für ihn schließlich gar keine Bedeutung. Er hatte ein paarmal seinen Spaß mit einer fremden Frau. Mehr war das für ihn nicht. Er willigte aber in das Gespräch ein.

Katrins erste Frage lautete: „Was hast du gefühlt, als du mit ihr Sex hattest? Kann es nicht doch sein, dass du dabei ein Gefühl der Liebe empfunden hast? Hast du sie in dem Moment vielleicht doch mehr geliebt als mich?"

Lars antwortet in einem ruhigen, liebevollen Ton: „Schatzi, wieso glaubst du mir denn nicht? Ich habe dir immer gesagt, dass es dabei einfach nur um Sex ging. Ich liebe diese Frau nicht und ich habe nie Gefühle der Liebe für sie gehabt. Es war dumm und rücksichtslos von mir. Es tut mir leid, dass ich das gemacht habe. Glaube mir bitte, ich liebe nur dich!"

Katrin antwortete: „Aber sie muss dir doch gefallen haben, sonst wärst du doch nicht dreimal mit ihr ins Bett gegangen!"

Lars erwidert: „Ja, sie sieht gut aus, sie hat mir schon gefallen, aber halt eben nur erotisch. Sie trägt halt ihre Reize offen zur Schau. Das hat mich schon irgendwie angemacht. Ansonsten habe ich da nichts empfunden."

Katrin antwortet in wütendem, sarkastischem Ton: „Aha, du fandest diese aufgetakelte Tussi erotisch, ach Gott, und sonst weiter nichts, ach so, na ja, wenn das so ist, dann hab ich blöde unerotische Kuh mir ja ganz umsonst Sorgen gemacht. Da hat mein lieber Mann ja nur Sex mit einer dahergelaufenen Schlampe gehabt, weil sie so einen geilen Arsch und zwei so pralle Titten hatte. Ach so, na dann, kein Problem! Alles vergessen und verziehen!"

Lars erwidert aufgebracht: „Na siehst du, da sagst du mir, ich könne offen und ehrlich sein und dann flippst du schon wieder nach den ersten zwei gesprochenen Sätzen aus, führst dich auf wie eine Furie und behandelst mich wie das letzte Arschloch. Es ist immer dasselbe mit dir. Du gehst mir mit deiner ganzen Fragerei und Anklagerei auf die Nerven. Langsam reichts mir. Wenn du mir nicht verzeihen willst, dann lass es doch bleiben!"

Die Streiterei nimmt ihren Lauf. Es ist hier an dieser Stelle unerheblich, wie der Streit weitergeht. Es ist ein respektloser Streit gewesen. Ein respektloser Streit führt niemals zu einem zufriedenstellenden Ergebnis. Mit einem respektlosen Streit möchte jeder der Beteiligten ein Problem lösen bzw. ein Ziel erreichen. Es geht dabei darum, Recht zu bekommen bzw. dem anderen seine Schuld zu bescheinigen. Ein Streit ist also immer eine Erfüllungsstrategie, um etwas zu erreichen.

Eine Erfüllungsstrategie, bei der es darum geht, rechtzusprechen, mag bei einer gerichtlichen Auseinandersetzung sinnvoll sein, für die Klärung und Lösung eines Problems zwischen zwei Beziehungspartnern kann diese Strategie jedoch nur in die falsche Richtung führen. Es ist hierfür einfach die falsche Erfüllungsstrategie. Bei einem solchen Streit gibt es am Ende immer entweder zwei genervte Personen, von denen weder die eine noch die andere etwas erreichen konnte und wo die Wahrscheinlichkeit eines erneuten, noch respektloseren Streits zunimmt. Oder es gibt am Ende einen Gewinner und einen Verlierer. Einer, der Recht bekommt und einer, dem man die Schuld zuweist. Dem Verlierer kann es danach jedoch nicht gut gehen. Er fühlt sich weder respektiert, noch verstanden. Er wird entweder kapitulieren oder sich erneut zur Wehr setzen. Beides hat keine positiven Folgen. Beides führt nicht zu dem, was man eigentlich möchte! Für die Klärung und Lösung partnerschaftlicher Differenzen brauchen wir eine Kommunikationsstrategie, die dazu führt, dass am Ende beide Beteiligten etwas davon haben. Es darf nicht einen Gewinner und einen Verlierer geben, sondern zwei Profitierende. Zwei Menschen, die sich jeweils vom anderen respektiert und verstanden fühlen.

Schauen wir uns die Kommunikation zwischen Katrin und Lars noch einmal an:

Katrin sagte zu ihrem Mann: „Was hast du gefühlt, als du mit ihr Sex hattest? Kann es nicht doch sein, dass du dabei ein Gefühl der Liebe empfunden hast? Hast du sie in dem Moment vielleicht doch mehr geliebt als mich?“

Setzen wir einmal für dieses Beispiel voraus, Katrins Frage resultiert aus ihrem verletzten Selbstwert und ihrer unerfüllten Ideale. Katrins Ideal ist, für einen Mann alles zu sein. Attraktiver, begehrenswerter, erotischer etc. als jede andere Frau für ihn sein könnte. Die Vorstellung, dass es eine Frau gibt, für die er mehr empfinden könnte, als für sie, erscheint ihr unerträglich. Dass ihr Selbstwert und andere grundlegende menschliche Bedürfnisse unter dem Seitensprung gelitten haben, ist ganz natürlich. Dass sie zu der Überzeugung kommt, sie müsse für ihren Mann alles sein, und als dürfe es keine andere Frau geben, die er erotisch interessant finden könnte, ist jedoch ein hoher unrealistischer Anspruch, den sie erlernt hat und der zugleich dafür sorgte, dass sie diesbezüglich keinen allzu stabilen Selbstwert entwickeln konnte. Ob es nun so war oder ob Katrins Reaktionen anders zu erklären sind, spielt aber hier eigentlich gar keine Rolle. Irgendwelche zugrundeliegenden Lernerfahrungen muss es schließlich geben.

Ich möchte nun folgende Frage stellen: Ist Katrins Frage berechtigt? Ja, natürlich ist Katrins Frage berechtigt. Sie darf schließlich fragen, was sie will. Das ist nicht verboten. Ihre Frage ist ja auch durchaus sachlich und klingt zudem nicht feindselig.

Lars antwortete in ruhigem, liebevollem Ton: „Schatz, wie oft soll ich es denn noch sagen, bis du mir endlich glaubst? Ich habe dir immer gesagt, dass es dabei einfach nur um Sex ging. Ich liebe diese Frau nicht und ich habe nie Gefühle der Liebe für sie gehabt. Es war dumm und rücksichtslos von mir. Es tut mir leid, dass ich das gemacht habe. Glaube mir bitte, ich liebe nur dich!"

Frage dazu: Ist die Antwort von Lars berechtigt? Ja, natürlich ist die Antwort von Lars berechtigt. Er darf schließlich antworten, was er will. Das ist nicht verboten. Seine Antwort ist ja auch durchaus sachlich und klingt zudem nicht feindselig – im Gegenteil, sie klingt liebevoll!

Katrin erwiderte: „Aber sie muss dir doch gefallen haben, sonst wärst du doch nicht dreimal mit ihr ins Bett gegangen!"

Frage dazu: Ist Katrins Erwiderung berechtigt? Ja, natürlich ist Katrins Erwiderung berechtigt. Sie darf schließlich erwidern, was sie will. Das ist nicht verboten. Ihre Erwiderung ist ja auch durchaus sachlich und klingt zudem auch noch nicht wirklich feindselig.

Lars erwiderte seinerseits: „Ja, sie sieht gut aus, sie hat mir schon gefallen, aber halt eben nur erotisch. Sie trägt halt ihre Reize offen zur Schau. Das hat mich schon irgendwie angemacht. Ansonsten habe ich da nichts empfunden!"

Frage dazu: Ist die Erwiderung von Lars berechtigt? Ja, natürlich ist die Erwiderung von Lars berechtigt. Er darf schließlich erwidern, was er will. Das ist nicht verboten. Seine Erwiderung ist ja auch durchaus sachlich.

Katrin antwortete in wütendem sarkastischem Ton: „Aha, du fandest diese aufgetakelte Tussi erotisch, ach Gott, und sonst weiter nichts, ach so, na ja, wenn das so ist, dann hab ich blöde unerotische Kuh mir ja ganz umsonst Sorgen gemacht. Da hat mein lieber Mann ja nur Sex mit einer dahergelaufenen Schlampe gehabt, weil sie so einen geilen Arsch und zwei so pralle Titten hatte. Ach so, na dann, kein Problem! Alles vergessen und verziehen!"

Frage dazu: Ist Katrins Antwort berechtigt? Ja, natürlich ist die Antwort von Katrin berechtigt. Sie darf schließlich antworten, was sie will. Das ist nicht verboten.

Soweit so gut. Wir alle sind also dazu berechtigt, zu sagen, was wir wollen. Ja natürlich sind wir das. Auch die zuletzt genannte Antwort von Katrin ist demnach selbstverständlich berechtigt. Katrin ist dazu berechtigt, so zu denken, zu fühlen und zu handeln, wie es ihrer Befindlichkeit, ihren Möglichkeiten und ihren Lernerfahrungen entspricht. Wenn wir alle gleichberechtigt sind, darf jeder schließlich so antworten, wie er es kann und wie es ihm entspricht. Immer vorausgesetzt, man sagt nichts Ungesetzliches.

Zur Wiederholung: Katrin ist – genauso wie jeder andere Mensch – dazu berechtigt, zu sagen, was sie möchte. Ja, das stimmt! Aber ist die Antwort von Katrin auch respektvoll? Ist ihre Antwort sozial kompetent, sinnvoll, zielführend – also der Sache dienlich?

Nein, so berechtigt Katrins Antwort einerseits auch ist, und wie nachvollziehbar Katrins Antwort vielleicht sogar sein mag, respektvoll, sozial kompetent, sinnvoll und zielführend ist sie nicht. Sie respektiert und versteht mit ihrer Antwort Lars nicht als den Menschen, der er ist. Sie respektiert und versteht nicht, dass er ein Mensch ist, der einen Fehler machte. Dass Menschen Fehler machen, ist aber die Realität! Dass Lars einen Fehler machte, ist die Realität! Das ist Lars! Mit ihrer Antwort respektiert Katrin Lars nicht als den Menschen, der er ist! Sie ist also an dieser Stelle respektlos. Da jeder Mensch als der Mensch verstanden und respektiert werden möchte, der er ist, kann Katrins Antwort die grundlegenden menschlichen Bedürfnisse von Lars nach Respekt, Anerkennung, Empathie, Gleichberechtigung, Verständnis etc. nicht erfüllen. Unser aller Sehnsucht ist es aber, verstanden und als der Mensch geliebt zu werden, der wir sind, ganz egal, ob wir Fehler begangen haben oder auf eine Weise denken, fühlen oder handeln, die dem Partner nicht gefällt. Respektvoll, sozial kompetent, sinnvoll, zielführend und demnach der ganzen Sache dienlich ist Katrins Antwort nicht!

Lars erwiderte aufgebracht: „Na siehst du, da sagst du mir, ich könne offen und ehrlich sein und dann flippst du schon wieder nach den ersten zwei gesprochenen Sätzen aus, führst dich auf wie eine Furie und behandelst mich wie das letzte Arschloch. Es ist immer dasselbe mit dir. Du gehst mir mit deiner ganzen Fragerei und Anklagerei auf die Nerven. Langsam reicht es mir. Wenn du mir nicht verzeihen willst, dann lass es doch bleiben!"

Frage dazu: Ist die Erwiderung von Lars berechtigt? Ja, natürlich ist die Erwiderung von Lars berechtigt. Er darf erwidern, was er will. Das ist nicht verboten.

Lars ist also – genauso wie jeder andere Mensch – dazu berechtigt, zu sagen, was er möchte. Soweit so gut! Aber ist das, was er sagt auch respektvoll? Ist seine Erwiderung sozial kompetent, sinnvoll, zielführend – also der Sache dienlich?

Nein, so berechtigt die Erwiderung von Lars auch ist, und wie nachvollziehbar diese vielleicht sogar sein mag, respektvoll, sozial kompetent, sinnvoll und zielführend ist sie nicht. Er respektiert und versteht nicht, dass Katrin es einfach nicht schafft, anders auf ihn zu reagieren. Er respektiert und versteht Katrin in dem Moment nicht als den Menschen, der sie ist. Ihre grundlegenden menschlichen Bedürfnisse nach Respekt, Anerkennung, Empathie, Gleichberechtigung, Verständnis etc. erleiden bei solch einer Erwiderung einen Mangel an Erfüllung. Erleiden Bedürfnisse einen Mangel an Erfüllung, bescheren sie uns unangenehme Gefühle. Aufgrund ihres empfundenen Ärgers macht Katrin Lars dann abermals Vorwürfe!

So nimmt jeder respektlose Streit seinen Lauf, nicht nur jener von Katrin und Lars, nein, in jedem respektlosen Streit geht es immer darum, dass man den jeweils anderen davon überzeugen will, dass man Recht hat bzw. dass der andere im Unrecht ist. Jeder verteidigt seinen eigenen Standpunkt bzw. die eigene Position. Keiner will sich vom anderen irgendetwas gefallen lassen. Da schießt man doch lieber zurück in der Hoffnung, nicht zum Verlierer bzw. Unterlegenen zu werden. In einer Beziehung ist es jedoch sinnvoll, wenn man zielführend und beziehungserhaltend miteinander kommuniziert und dabei auf jede Form von Geringschätzung und Respektlosigkeit verzichtet. In einer Beziehung geht man deshalb besser respektvoll, gleichberechtigt und verständnisvoll miteinander um. Keiner der beiden sollte ein Verlierer oder Unterlegener sein. Beide dürfen als Gewinner aus der Angelegenheit hervorgehen. Zugegeben, es ist nicht gerade einfach, auf eine Respektlosigkeit des Partners respektvoll zu reagieren, aber leider ist eine Respektlosigkeit immer kontraproduktiv, auch wenn die eigene Respektlosigkeit nur eine Reaktion auf die Respektlosigkeit des anderen ist. Respektlos bleibt respektlos!

Vielleicht möchte an dieser Stelle der ein oder andere Leser einwenden, dass es doch wohl zu viel verlangt sei, auf jemanden, der einem Leid zufügt, etwa mit einem Seitensprung oder mit penetranten Anschuldigungen, auch noch respektvoll zu reagieren. Man müsse sich ja wohl nicht alles gefallen lassen.

Dazu möchte ich nun noch einmal auf den Anfang dieses Artikels bezugnehmen, wo es in etwa hieß: „Soll ich mir denn alles gefallen lassen? Ist es denn nicht nachvollziehbar und gerechtfertigt, wenn ich wegen einer Respektlosigkeit meines Partners auch mal sauer reagiere und ungemütlich oder etwas lauter werde?"

Ja natürlich, Sie haben Recht. Genau das habe ich ja mit dem gerade geschilderten Beispiel von Katrin und Lars versucht darzustellen. Je nachdem mit welcher Respektlosigkeit Ihnen Ihr Partner begegnet, kann es mitunter viel verlangt sein, nicht ebenso respektlos zu reagieren. Und ja, Sie haben Recht, Sie müssen sich nicht alles gefallen lassen. Sie müssen gar nichts. Sie dürfen tun und lassen was Sie wollen. Sie sind dazu berechtigt, zu sagen, was Sie möchten, das ist gar keine Frage! Zumindest im Rahmen des gesetzlich Erlaubten. Sie dürfen so respektlos, so enttäuscht, so wütend und heftig auf die Respektlosigkeiten Ihres Partners reagieren, wie Sie es wollen. Um die Frage, ob man das darf oder nicht, geht es aber in diesem Buch nicht!

Die Frage, um die es geht und um die es bei partnerschaftlichen Differenzen gehen muss, ist nicht, ob man respektlos auf die Respektlosigkeiten des Partners reagieren darf oder nicht, denn natürlich darf man das. Es gibt kein Gesetzt, das es uns verbietet, respektlos miteinander zu streiten. Es muss aber in einer Partnerschaft doch immer um die Frage gehen, wie kann man ein partnerschaftliches Problem lösen und wie nicht! Mit Anfeindungen, Anklagen, Vorwürfen, Verständnislosigkeit und anderen Respektlosigkeiten lassen sich Beziehungsprobleme nicht lösen, sondern ganz im Gegenteil, sie werden dabei nur immer größer. Wenn Sie also partnerschaftliche Probleme lösen möchten, kommen Sie nicht umhin, sich gegenseitig mit Respekt zu begegnen. Ob Sie sich vorstellen können das zu tun oder nicht. Ob Ihnen das schwerfällt oder nicht. Ob Sie es ungeheuerlich finden oder nicht! Sie müssen den Teufelskreis, in dem man sich abwechselnd Respektlosigkeiten an den Kopf wirft, durchbrechen. Sie müssen aus dieser Endlosschleife aussteigen. Wenn Sie dazu nicht die Bereitschaft entwickeln können, werden Sie so lange weiter streiten, bis Sie sich trennen, oder mit ewigem Misstrauen weiterhin unglücklich nebeneinanderher leben. Das dürfen Sie natürlich. Das ist nicht verboten!

Wir alle wünschen uns, verstanden zu werden – egal, was wir falsch gemacht haben. Respektlosigkeit ist genau das Gegenteil davon. Wenn es Ihnen nicht gelingt, sich der Realität zu stellen und einander so anzunehmen und zu respektieren, wie Sie sind, können Sie sich nicht verstanden fühlen. Wenn Sie sich nicht verstanden fühlen, können Sie sich auch nicht respektiert, geachtet und geliebt fühlen.

Begegnen Sie sich als zwei Menschen. Menschen sind nicht perfekt. Menschen machen Fehler. Menschen haben menschliche Schwächen. Menschen können nicht alles füreinander sein.

Wir alle brauchen in Wahrheit keinen Menschen, der alles für uns ist, sondern viel mehr einen Partner, der uns unsere große Sehnsucht erfüllt, verstanden zu werden – egal was auch geschieht. Wäre das nicht sogar tatsächlich ein Beweis für Liebe?

Ob uns jemand für immer sexuell treu ist oder nicht, sagt meiner Erfahrung nach jedenfalls nicht unbedingt etwas darüber aus, wie groß seine Liebe zu uns ist!

Wahre Treue kann letztlich immer nur die Schnittmenge sein zwischen der Treue zum Partner und der Treue zu sich selbst!

Hinweis:
Rein zufällig berichte ich in den oben genannten Beispielen jeweils von einer Frau und einem Mann, die als Paar in einer Beziehung zusammen leben. Genauso gut hätten die Beispielpaare auch zwei Männer oder zwei Frauen sein können. Auch Personen, die nichtbinär sind, sich also weder eindeutig als Frau oder Mann fühlen, hätten genauso gut Beispielpaare darstellen können. Die genannten Beispiele stehen stellvertretend für alle Paare. Dies beinhaltet keine Wertung!

4.) BEVORSTEHENDE BEZIEHUNGSARBEIT

Die Verarbeitung des Seitensprunges ist nur ein Teil der vor Ihnen liegenden gemeinsamen Paararbeit. Wenn Sie den Seitensprung irgendwann verarbeitet oder zumindest soweit verarbeitet haben, dass Sie sich für die Fortführung Ihrer Beziehung entscheiden oder zumindest für einen Versuch einer Fortführung bzw. eines Neustarts entschließen können, wartet die eigentliche Aufgabe noch auf Sie. Und zwar geht es dann noch darum, eine Lehre für das weitere Zusammenleben aus der ganzen Angelegenheit zu ziehen. An diesem Punkt sind Sie jetzt vielleicht noch nicht angekommen, dennoch kann es für Sie und Ihren Partner hilfreich sein, schon einmal einen Blick auf die bevorstehende Aufgabe zu werfen. Dazu nachfolgend ein paar Erläuterungen:

Bestimmung der zugrundeliegenden Probleme

Dieses Buch will Sie dabei unterstützen, einen Seitensprung aus verschiedenen Perspektiven zu beleuchten, das Geschehene zu verstehen, zu verarbeiten, zu überwinden und schließlich Ihre Schlüsse für die Zukunft daraus zu ziehen. Auf den zurückliegenden Seiten wurde bereits deutlich, dass es für alles menschliche Denken, Fühlen und Handeln Gründe gibt.

Um eine Beziehung nach einem Seitensprung künftig besser gestalten zu können, ist es erforderlich, diese Gründe zunächst einmal zu identifizieren, ernst zu nehmen und zu erforschen. Sie sollten also herausfinden, welche Unterschiede im Denken, Fühlen und Handeln es sind, die zwischen Ihnen und Ihrem Partner bzw. Ihrer Partnerin existieren und die dafür sorgen, dass Sie Probleme miteinander haben. Letztlich haben alle Beziehungsprobleme etwas mit diesen Unterschieden zu tun sowie damit, dass wir diese Unterschiede gegenseitig nicht ausreichend respektieren, anerkennen und würdigen. Stattdessen geraten wir über unsere Unterschiede in Streit oder leiden stillschweigend an ihnen.

In diesem Buch geht es nicht um die Lösung all dieser zugrundeliegenden Probleme, sondern nur um die Lösung eines einzigen Problems. Es geht hier nur darum, den Seitensprung unter die Lupe zu nehmen und zu prüfen, welche Bedeutung dieser für die gemeinsame Beziehung hat. Allen anderen Problemen, die diesem Problem zugrunde liegen, sollten Sie sich – wie schon öfter im Buch geschildert – anschließend unbedingt auch noch widmen.

An dieser Stelle möchte ich Sie zunächst einmal nur dazu einladen, sich anzuschauen, welche Unterschiede im Denken, Fühlen und Handeln es im Einzelnen häufig sind, die bei Paaren zu Schwierigkeiten und Problemen führen. Lesen Sie sich die nachfolgenden Punkte einfach nur durch. Wie gesagt, es geht hier nicht darum, Lösungen für all die Probleme zu finden, die aus diesen Unterschieden resultieren können. Es geht mir hier nur darum, dass Sie schon einmal eine Idee davon bekommen, welche kleinen oder größeren Unterschiede im Denken, Fühlen und Handeln es in Ihrer Beziehung geben kann, die vielleicht dafür sorgen, dass manche Ihrer menschlichen Bedürfnisse zu wenig Erfüllung finden. Menschliche Bedürfnisse, die zu wenig Erfüllung finden, bescheren uns – wie schon öfter gesagt – unangenehme Gefühle. Unerfüllte menschliche Bedürfnisse suchen deshalb immer nach Wegen, sich Erfüllung zu verschaffen. Respektvolle, angemessene Erfüllungsstrategien führen dazu, dass sich unerfüllte Bedürfnisse wirklich erfüllen können. Respektlose, unangemessene Erfüllungsstrategien führen nur scheinbar zur Erfüllung unerfüllter Bedürfnisse und bescheren uns obendrein noch Streit sowie neuen Ärger, Frust und neues Leid.

Unterschiede, die häufig zu Problemen führen
Die nachfolgenden Unterschiede im Denken, Fühlen und Handeln führen dann zu Problemen, wenn in einer Beziehung in irgendeiner Form ein Mangel an Respekt, Wertschätzung, Akzeptanz, Empathie, Gleichberechtigung, Verständnis etc. existiert. Bitte überlegen Sie einmal gemeinsam, welche der unten aufgeführten Unterschiede und Probleme in Ihrer Beziehung vorkommen. Seien Sie ganz offen und ehrlich. Es spielt dabei keine Rolle, für wie schwerwiegend Sie den jeweiligen Unterschied halten. Es geht in diesem Buch ja wie gesagt nicht darum, für diese Unterschiede Lösungen zu finden. Das dürfen Sie dann gerne später tun!

Mögliche Unterschiede:
- Unterschiede in den persönlichen Eigenschaften
- Unterschiede in den persönlichen Wertvorstellungen
- Unterschiede in den Erwartungen an den anderen
- Unterschiede in den Interessen
- Unterschiede in den Wünschen
- Unterschiede in den Zielen
- Unterschiede in den Lebenszielen
- Unterschiede im Bedürfnis nach persönlichem Freiraum
- Unterschiede im Bedürfnis nach Ordnung
- Unterschiede im Bedürfnis nach Pünktlichkeit
- Unterschiede beim Achten auf die Gesundheit
- Unterschiede beim Achten auf Körperpflege
- Andere Unterschiede

Aus diesen Unterschieden resultierende, mögliche Probleme:
- Die Beziehung fühlt sich nicht mehr perfekt an
- Die Beziehung fühlt sich nicht mehr leicht an
- Die Beziehung fühlt sich schwer an
- Die Beziehung fühlt sich wie ein Kampf an
- Ich verstehe, respektiere, anerkenne den anderen nicht
- Der andere versteht, respektiert und anerkennt mich nicht
- Ich interessiere mich für den anderen nicht genug
- Der andere interessiert sich für mich nicht genug
- Emotionale Erpressung (wenn du dies tust / nicht tust, dann ...)
- Die emotionale Nähe fehlt (hat abgenommen)
- Die körperliche Nähe fehlt (hat abgenommen)
- Fehlende Kommunikation
- Schwierige Kommunikation
- Finanzielle Engpässe
- Kein oder wenig Vertrauen in den Fortbestand der Beziehung
- Kein oder wenig Vertrauen in den Partner
- Kein oder wenig WIR-Bewusstsein
- Keine oder wenig Lust auf gemeinsame Unternehmungen
- Keine oder wenig Zeit für gemeinsame Unternehmungen
- Keine oder wenige Ideen für gemeinsame Unternehmungen
- Mangelnde Konfliktlösestrategien

- Probleme bleiben ungelöst – keine Einigung
- Probleme durch Außenbeziehung / Untreue / Seitensprung
- Probleme durch die Geburt eines Kindes
- Probleme bei der Erziehung der Kinder
- Probleme durch Dominanz / Machtansprüche
- Probleme durch Eifersucht
- Probleme durch Aufgabenverteilung z.B. im Haushalt …
- Probleme durch Hobby / Freizeitgestaltung meines Partners
- Probleme durch den Job meines Partners
- Probleme durch mein Hobby / meine Freizeitgestaltung
- Probleme durch meinen Job
- Probleme durch zu viel Routine / Gewohnheit im Alltag
- Probleme in der Sexualität
- Probleme mit dem Alter / durch das Alter
- Probleme mit der Herkunftsfamilie / Eltern / Schwiegereltern …

Alle diese möglichen Probleme ergeben sich aus Unterschieden im Denken, Fühlen und Handeln. Unterschiede im Denken, Fühlen und Handeln führen jedoch nicht zwangsläufig zu Problemen, sondern nur dann, wenn man diese Unterschiede nicht wechselseitig respektiert und stattdessen zu klären versucht, wer Recht hat oder die bessere, richtigere, berechtigter, vernünftigere etc. Auffassung besitzt. Ein gesundes Maß an wechselseitigem Respekt und wechselseitiger Akzeptanz, Empathie und Gleichberechtigung ermöglicht es, Unterschiede anzuerkennen, sie unter einen Hut zu kriegen oder wenn das nicht gelingt, sich dennoch nicht über die Unterschiede zu streiten. Wie gesagt, brauchen Sie sich aber mit den Unterschieden, die es auch in Ihrer Beziehung vermutlich gibt, jetzt noch nicht tiefergehend zu beschäftigen.

Identifizierung von unerfüllten Bedürfnissen
Auch wenn es für Sie jetzt noch nicht um das Finden von Lösungen für Ihre durch Unterschiede im Denken, Fühlen und Handeln entstandenen Probleme geht, so lohnt es sich dennoch, schon einmal kurz einen Blick auf die unerfüllten Bedürfnisse zu werfen, die immer hinter den Problemen zu finden sind. Wenn Sie sich die

zuvor genannten Probleme noch einmal anschauen, die durch Unterschiede entstehen können und wenn Sie einmal überlegen, welche dieser Probleme es auch in Ihrer Beziehung gibt, welche Ihrer Bedürfnisse können Sie dann als unerfüllt oder zumindest als nicht ganz erfüllt identifizieren? Um Ihnen das Nachdenken etwas zu erleichtern, nachfolgend eine Auswahl der wichtigsten grundlegenden menschlichen Bedürfnisse:

Wie Sie bereits wissen, sind die vier Grundpfeiler der menschlichen Bedürfnisse (nach Klaus Detlev Grawe, deutscher Psychotherapeut), auf denen alle anderen menschlichen Bedürfnisse, die es sonst auch noch gibt, aufbauen, folgende:

- Das Bedürfnis nach Bindung (im Sinne von Verbindung, Zugehörigkeit zu einem Partner, zu Familie, Freunden, Bekannten etc.)

- Das Bedürfnis nach Sicherheit (im Sinne von Kontrolle über das eigene Leben behalten, Ordnung, Struktur, Klarheit, Orientierung)

- Das Bedürfnis nach Selbstwert (im Sinne von Selbstwerterhaltung, Selbstwerterhöhung)

- Das Bedürfnis nach Lebenslust (im Sinne von Lustgewinn, Unlustvermeidung)

Auf diesen Grundpfeilern, wurzeln alle menschlichen Bedürfnisse Alle anderen menschlichen Bedürfnisse lassen sich mindestens einem der vier Grundpfeiler zuordnen! Diese können sein:

Weitere grundlegendste menschliche Bedürfnisse
Akzeptanz, Anerkennung, Aufrichtigkeit, Ausgeglichenheit, Austausch, Autonomie *(Autonomie: Träume, Ziele, Werte wählen / Pläne für die Erfüllung der eigenen Träume, Ziele, Werte entwickeln)*, Berührung, Bestätigung, Beständigkeit, Bewegung, Bewusstsein, Bindung, Dankbarkeit, Ehren, Ehrlichkeit, Empathie, Feiern, Freiheit, Freude, Freundschaft, Frieden, Geborgenheit, Gemeinschaft, Geselligkeit, Gerechtigkeit, Gesehen-Werden, Gesundheit, Glück, Harmonie, Heilung, Herausforderung, Hilfe,

Integrität *(Integrität: Authentizität, Kreativität, Sinn, Selbstwert)*, Kontrolle, Körperkontakt, Lachen, Liebe, Lustgewinn, Mitgefühl, Nähe, Nahrung, Offenheit, Ordnung *(Ordnung: Struktur, Klarheit, Orientierung)*, Privatsphäre, Respekt, Ruhe, Rücksichtnahme, Schönheit, Schutz, Sein, Selbstbestimmung, Selbstentfaltung, Selbstverwirklichung, Selbstwert, Sexualität *(Sexualität: Sexualleben, sexuelle Identität)*, Sicherheit, Spaß, Spiel, Spiritualität, Stabilität, Stille, Unterkunft, Unterstützung, Vertrauen, Verständnis, Wertschätzung, Wissen, Würdigung, Zärtlichkeit, Zugehörigkeit, Zuneigung, zur Bereicherung des Lebens beitragen *(des eigenen Lebens, des Lebens anderer)* …

Angenehme Gefühle, wenn Bedürfnisse erfüllt sind
Eine kleine Auswahl einiger angenehmer Gefühle (so können wir uns fühlen, wenn Bedürfnisse erfüllt sind): amüsiert, angeregt, aufgeweckt, ausgeglichen, befreit, befriedigt, begeistert, belebt, berauscht, beruhigt, berührt, bewegt, dankbar, eifrig, engagiert, entlastet, entschlossen, entspannt, entzückt, erfreut, erfrischt, erfüllt, ergriffen, erleichtert, ermutigt, erwartungsvoll, fasziniert, freudig, froh, fröhlich, geehrt, gefesselt, gelassen, gerührt, gesegnet, gespannt, gesund, glücklich, gutgelaunt, heiter, hocherfreut, hoffnungsvoll, inspiriert, interessiert, jugendlich, klar, kraftvoll, lebendig, lebhaft, leicht, liebevoll, locker, lustig, motiviert, munter, mutig, neugierig, optimistisch, ruhig, satt, schwungvoll, selbstsicher, selig, sicher, stabil, still, überglücklich, überrascht, überwältigt, vergnügt, verliebt, verwundert, wach, warmherzig, zärtlich, zufrieden, zugeneigt, zuversichtlich…

Unangenehme Gefühle, wenn Bedürfnisse unerfüllt sind
Eine kleine Auswahl einiger unangenehmer Gefühle (so können wir uns fühlen, wenn Bedürfnisse nicht erfüllt sind): abgespannt, aggressiv, angespannt, angewidert, ärgerlich, ängstlich, arrogant, aufgebracht, ausgebrannt, bedrückt, befangen, belastet, beschämt, besorgt, bestürzt, betrübt, betroffen, beunruhigt, blockiert, deprimiert, eifersüchtig, einsam, empört, entmutigt, entnervt, entrüstet, entsetzt, enttäuscht, erregt, erschöpft, erschreckt, feindselig, frustriert, gehemmt, gelähmt, gelangweilt,

genervt, gereizt, gestört, gestresst, gleichgültig, haltlos, hasserfüllt, hilflos, hoffnungslos, instabil, irritiert, kalt, kraftlos, launisch, leer, lüstern, lustlos, missmutig, müde, mürrisch, mutlos, neidisch, nervös, ohnmächtig, panisch, perplex, pessimistisch, ratlos, resigniert, ruhelos, sauer, scheu, schlapp, schläfrig, schlecht gelaunt, schockiert, skeptisch, träge, traurig, trostlos, überfordert, überlastet, unglücklich, uninspiriert, unruhig, unschlüssig, unsicher, unzufrieden, verängstigt, verärgert, verbittert, verkrampft, verblüfft, verlegen, verletzbar, verletzt, verloren, verschreckt, verstimmt, verstört, verunsichert, verzweifelt, verwundert, wahnsinnig, wütend, zerrissen, zögerlich, zornig, zweifelerfüllt...

Wie sieht es bei Ihnen aus? Sind alle Ihre grundlegenden menschlichen Bedürfnisse in einem guten, gesunden Maße bei einem von Ihnen beiden oder bei Ihnen beiden erfüllt, sodass Sie überwiegend positive Gefühle in sich finden? Oder gibt es Bedürfnisse, die in irgendeiner Form (geringfügig oder beträchtlich) an einem Mangel an Erfüllung leiden, sodass Sie auch negative Gefühle in sich finden können? Ganz gleich, ob Sie einen Mangel als gering, mittelschwer oder beträchtlich empfinden, er wirkt sich auf ihr Denken, Fühlen und Handeln in irgendeiner Form aus. Ob Sie das wollen oder nicht. Viel tiefer müssen Sie jedoch an dieser Stelle nicht in die Materie eintauchen. Dies zu tun lohnt sich, sobald Sie sich dazu entscheiden, an Ihrer gemeinsamen Beziehung zu arbeiten. Dann geht es nämlich darum, die Beziehung besser, lebendiger, respektvoller, wertschätzender, gleichberechtigter, empathischer, verständnisvoller und erfüllender zu gestalten als zuvor.

Angemessene und ungeeignete Erfüllungsstrategien
Auch nur um Ihnen vorab schon einmal zu zeigen, womit Sie sich unbedingt auseinandersetzen sollten, wenn Sie sich dazu entschließen, die gemeinsame Beziehung fortzuführen und künftig besser zu gestalten, werfen wir nachfolgend einmal einen kurzen Blick auf unangemessene Erfüllungsstrategien. Vielleicht haben auch Sie versucht, mit unangemessenen Erfüllungsstrategien Ihre Bedürfnisse zu erfüllen bzw. Ihren Mangel an erfüllten Bedürfnissen auszugleichen, hier ein paar mögliche Ideen dazu:

Mögliche ungeeignete, unangemessene Erfüllungsstrategien:

- *Heftig streiten:* Es wird respektlos um etwas gestritten, weil man das eigene Denken, Fühlen oder Handeln für besser, berechtigter, sinnvoller, richtiger etc. hält. Man erhofft sich mit dieser Erfüllungsstrategie, die Erfüllung der eigenen Bedürfnisse erstreiten zu können. Man denkt, wenn einem das gelänge, ginge es einem besser. Tatsächlich erreicht man in der Regel jedoch mit solchen Streitereien eher genau das Gegenteil von dem, was man sich erhofft. Mit einem vertrauensvollen, respektvollen, gleichberechtigten und wertschätzenden gemeinsamen Umgang hat heftiges Streiten nichts zu tun. Respektlos streiten stellt in einer glücklichen Beziehung keine angemessene Erfüllungsstrategie dar.

- *Zwang ausüben:* Es wird versucht, dem Partner die eigene Meinung einfach aufzuzwängen. Man hofft mit dieser Erfüllungsstrategie z.B., dass man so auf schnelle und einfache Weise seine eigenen Vorstellungen verwirklicht bekommt, weil man diese für wichtiger, besser etc. hält als jene Vorstellungen des anderen. Tatsächlich geht solch eine Erfüllungsstrategie aber auf Kosten des anderen. Dieser wird sich vermutlich gegen den ihm auferlegten Zwang zur Wehr setzen. Mit einem vertrauensvollen, respektvollen, gleichberechtigten und wertschätzenden gemeinsamen Umgang hat die Ausübung von Zwang nichts zu tun. Den Partner zu irgendetwas zu zwingen, stellt in einer glücklichen Beziehung keine angemessene Erfüllungsstrategie dar.

- *Vorwürfe machen:* Man macht dem anderen wegen irgendetwas Vorwürfe. Man hofft mit dieser Erfüllungsstrategie, die eigenen Erwartungen, die man an den anderen hat, erfüllen zu können. Wenn der andere sich von den Vorwürfen beeindrucken lässt, hofft man, würde man das von ihm bekommen, was man von ihm erwartet. Tatsächlich erreicht man in der Regel jedoch mit Vorwürfen genau das Gegenteil von dem, was man sich erhofft. Mit einem vertrauensvollen, respektvollen, gleichberechtigten und wertschätzenden gemeinsamen Umgang haben Vorwürfe nichts zu tun. Vorwürfe stellen in einer glücklichen Beziehung keine angemessene Erfüllungsstrategie dar.

- *Anschuldigungen aussprechen:* Man spricht den anderen wegen irgendetwas schuldig. Man hofft mit dieser Erfüllungsstrategie, die eigenen Wertvorstellungen als die besseren, richtigeren etc. behaupten zu können. Wenn der andere sich von den Anschuldigungen beeindrucken lässt, so hofft man, würde er sich in Zukunft so verhalten, wie man es sich wünscht und wie man es von ihm erwartet. Tatsächlich erreicht man in der Regel jedoch mit Anschuldigungen genau das Gegenteil von dem, was man sich erhofft. Mit einem vertrauensvollen, respektvollen, gleichberechtigten und wertschätzenden gemeinsamen Umgang haben Anschuldigungen nicht viel zu tun. Anschuldigungen auszusprechen, stellt in einer glücklichen Beziehung keine angemessene Erfüllungsstrategie dar.
- *Sich anschweigen:* Man schweigt sich eine Zeit lang nur an. Die Kommunikation wird eingestellt. Man versucht mit dieser Erfüllungsstrategie, den Partner mit diesem Verhalten zu manipulieren, so nach dem Motto, da siehst du, zu was dein Verhalten führt, wenn du dich nicht änderst, rede ich nicht mehr mit dir! Man hofft, der Partner wird dann schon einlenken. Tatsächlich erreicht man in der Regel jedoch mit solchen oder ähnlichen Manövern eher genau das Gegenteil von dem, was man sich erhofft. Sich anzuschweigen, stellt in einer glücklichen Beziehung keine angemessene Erfüllungsstrategie dar.
- *Erpressung:* Man versucht den anderen zu erpressen, in dem man beispielsweise sagt: „wenn du das tust, dann …" oder „wenn du dies nicht tust, dann …" Man versucht mit dieser Erfüllungsstrategie, den Partner dazu zu bringen, sich so zu verhalten, wie man es sich wünscht. Die Wünsche des anderen, werden dabei ignoriert. Mit einem vertrauensvollen, respektvollen, gleichberechtigten und wertschätzenden gemeinsamen Umgang hat solch ein Verhalten nicht viel zu tun. Erpressung stellt in einer glücklichen Beziehung keine angemessene Erfüllungsstrategie dar.
- *Sich anlügen:* Man lügt den Partner ganz bewusst an, weil man ihm in einer ganz bestimmten Angelegenheit nicht die Wahrheit anvertrauen oder zumuten möchte. Vielleicht, weil man negative Folgen fürchtet oder weil man ihn nicht verletzen möchte. Tatsächlich ist dies jedoch eine Erfüllungsstrategie, die

fatale Folgen haben kann, wenn die Lüge auffliegt – je nachdem, wie schwerwiegend die Lüge ist. Zu einem vertrauensvollen, respektvollen gemeinsamen Umgang passen Lügen nicht. Den Partner zu belügen, stellt in einer glücklichen Beziehung keine angemessene Erfüllungsstrategie dar. Leider ist es aber so, dass es in vielen Beziehungen nicht genügend Raum für Offenheit und Ehrlich gibt. Weshalb es nicht verwunderlich ist, wenn man nicht immer die Bereitschaft und das Vertrauen in sich findet, alles auszusprechen.

- *Fremdgehen:* Man ging fremd, weil man sich mal wieder gesehen, geliebt, geachtet, als Mann, als Frau oder als etwas Besonderes fühlen wollte. Oder auch, weil man mal wieder Lust auf beispielsweise hingebungsvollen Sex hatte, den es zu Hause schon länger in der Form nicht mehr gab. Man glaubte, man könne mit dieser Erfüllungsstrategie die zugrundeliegenden unerfüllten Bedürfnisse erfüllen. Kurzzeitig war das vielleicht sogar möglich, aber dann entwickelte sich alles in ein heilloses Chaos. Zu einem vertrauensvollen, respektvollen gemeinsamen Umgang passt solch eine Erfüllungsstrategie nicht. Fremdgehen ist für eine glückliche Beziehung keine angemessene, Erfüllungsstrategie – zumindest dann nicht, wenn man Treue vereinbart hat. Leider ist es oft schwierig eine angemessenere Erfüllungsstrategie zu verfolgen, da es für diese den größtmöglichen Raum für Offenheit und Ehrlichkeit geben müsste.

- *Jedes andere Verhalten:* alles, was wir tun, tun wir aus einem bestimmten Grund und weil uns Bedürfnisse dazu antreiben. Alles Tun dient der Erfüllung von Bedürfnissen. Alles, was wir machen, dient also einem Zweck bzw. einem Ziel. Zur Erreichung dieser Zwecke und Ziele brauchen wir jeweils die passenden, angemessenen Erfüllungsstrategien. Wenn es mich am Kopf juckt, ist die angemessene Erfüllungsstrategie, mich mit meiner Hand am Kopf zu kratzen. Wenn ich Hunger habe, ist die angemessene Erfüllungsstrategie, etwas zu essen. Wenn ich mich einsam fühle, kann der Anruf bei einem Freund eine angemessene Erfüllungsstrategie sein. Wenn ich mich ins Bett lege, ist das eine angemessene Erfüllungsstrategie, um gegen meine Müdigkeit etwas zu tun. Egal, was ich auch tue, und selbst wenn ich nur mit dem Finger schnippe, ist das eine bewusste oder unbewusste Erfüllungsstrategie für irgendetwas. In einer funktionierenden Beziehung geht man respektvoll, empathisch, verständnisvoll, gleichberechtigt und gewaltfrei miteinander um. Man achtet bei allem, was man tut, darauf, dass es dabei entsprechend rücksichtsvoll zugeht. Man gebraucht Erfüllungsstrategien, die einem respektvollen, empathischen, verständnisvollen, gleichberechtigten und gewaltfreien gemeinsamen Umgang angemessen sind. Den Partner wegen irgendetwas anzuschnauzen, ihn nach eigenen Wünschen zu manipulieren, zu dominieren oder einzuengen, genervt auf ihn zu reagieren etc. sind keine angemessenen Erfüllungsstrategien, mit denen man erreicht, dass sich die eigenen Bedürfnisse und Erwartungen erfüllen lassen. Sie sind einer liebevollen Beziehung nicht angemessen. Sie sorgen dafür, dass sich der Partner geringgeschätzt fühlt. Geringschätzung ist genau das Gegenteil von dem, was man sich eigentlich von einem Partner wünscht. Fremdgehen ist wie alles andere, was wir tun können, eine bewusste oder unbewusste Erfüllungsstrategie. Aber ist Fremdgehen eine angemessene Erfüllungsstrategie? In einer Beziehung, die monogam angelegt ist, ist Fremdgehen natürlich keine angemessene Erfüllungsstrategie, um die zugrundeliegenden unerfüllten Bedürfnisse zu erfüllen. Aber um eine angemessenere Erfüllungsstrategie zum Einsatz bringen zu können – nämlich mit dem Partner über diese unerfüllten Bedürfnisse zu sprechen und gemeinsam nach Lösungen zu suchen – braucht es zwei Dinge! Erstens: genügend Raum für Offenheit und Ehrlichkeit. Zweitens: die soziale und kommunikative Kompetenz über alles offen, ehrlich, respektvoll, anerkennend und gleichberechtigt sprechen zu können. Beides gibt es jedoch in vielen Beziehungen nicht ausreichend. Offenheit und Ehrlichkeit führen dann zu Anschuldigungen, Vorwürfen und Verletzungen. So ist ein Seitensprung in einer monogam angelegten Beziehung zwar eine respektlose und unangemessene Erfüllungsstrategie, jedoch war es dem Seitenspringer vielleicht nicht möglich, eine angemessenere Strategie zum Einsatz zu bringen. Er hatte vermutlich nur die Wahl zwischen folgenden drei Möglichkeiten: Erstens: die eigenen Bedürfnisse verleugnen und den Mangel an unerfüllten Bedürfnissen ertragen (kann fatale Folge haben). Zweitens: die unerfüllten Bedürfnisse dem Partner gegenüber erwähnen und dabei hoffen, dass es möglich ist, gemeinsam eine Lösung zu finden (kann fatale Folgen haben). Drittens: heimlich versuchen, die unerfüllten Bedürfnisse zu erfüllen, beispielsweise durch Fremdgehen (kann fatale Folgen haben).

Angemessene Erfüllungsstrategien:
Alle unter „unangemessene Erfüllungsstrategien" genannten Strategien sind deshalb unangemessen, weil sie nicht respektvoll, wertschätzend, empathisch, verständnisvoll, interessiert, gleichberechtigend, gewaltfrei etc. sind und daher nicht für den gemeinsamen Umgang in einer funktionierenden, harmonischen Paarbeziehung taugen. Sie zeugen auch nicht von einer hohen sozialen Kompetenz und obendrein führen sie nicht zur Erfüllung der zugrunde liegenden Bedürfnisse. Bedürfnisse lassen sich nicht mit der Strategie des respektlosen Streitens erfüllen. Auch nicht mit Zwang, Vorwürfen, Anschuldigungen, Anschweigen, Lügen, Erpressungen, Fremdgehen etc. All das führt in der Regel eher nur zu einer scheinbaren oder kurzweiligen Erfüllung und genau zum Gegenteil von dem, was man erreichen will. Es löst Gegenwehr und Ablehnung beim Gegenüber aus. Angemessene Strategien sind daher respektvoll, wertschätzend, empathisch, verständnisvoll, interessiert, gleichberechtigend, gewaltfrei, beziehungserhaltend, etc. Es werden dabei die Bedürfnisse hinterfragt, die immer und ausnahmslos hinter den Vorwürfen, Anschuldigungen, Forderungen, Anfeindungen etc. liegen. Die Gedanken, Gefühle, Taten, Interessen, Wünsche und Ziele des anderen werden nicht für geringer, wertloser, weniger bedeutend, weniger wichtig etc. gehalten als die eigenen. Man geht also gleichberechtigt, respektvoll und interessiert miteinander um. Die Bedürfnisse beider finden Berücksichtigung und Würdigung.

5.) REFLEXION

Auf den zurückliegenden Seiten habe ich Ihnen Informationen rund um die Themen Beziehung, Liebe, Partnerschaft zusammengestellt, die ich für wissenswert und hilfreich erachte, wenn es darum geht zu lernen, mit einem Seitensprung umzugehen. Je nachdem, welche natürlichen und erlernten Interessen und Bedürfnisse Sie im Laufe Ihres Lebens entwickelten und ausbildeten, ist Ihr Denken, Fühlen und Handeln entsprechend geprägt. Ihre Weltsicht bzw. Ihre Brille, mit der Sie die Dinge wahrnehmen und bewerten, ist das Ergebnis Ihrer gesamten biographischen Kompetenzen, Inkompetenzen und Lernerfahrungen. Wenn man auf einer Skala von 1 bis 100 messen könnte, wie viel Nutzen Sie ganz persönlich aus diesem Buch ziehen können, so kann das Ergebnis zwischen 1 und 100 liegen. Es ist gut möglich, dass Ihr Denken, Fühlen und Handeln so geprägt ist, dass Sie sich bei sehr vielem, was es auf den zurückliegenden Seiten zu lesen gab, öffnen konnten und es Ihnen möglich wurde, Schritt für Schritt Ihr Denken, Fühlen und Handeln zu hinterfragen und zu verändern. Genauso gut ist es möglich, dass Ihnen dies etwas weniger gut gelang. Genauso wie es möglich ist, dass es Ihnen noch weniger, kaum oder sogar überhaupt nicht gelang, sich für irgendetwas, das es hier zu lesen gab, zu öffnen, weil es einfach so ganz und gar nicht zu dem passt, was Sie im Laufe Ihres Lebens an Überzeugungen angenommen haben.

Wir alle haben unsere Überzeugungen, die wir für richtig, berechtigt und objektiv wahr halten. Überzeugungen rückgängig zu machen bzw. zu erneuern, ist für uns alle häufig keine leichte Übung. Zu viele unbewusste Mechanismen und Automatismen verteidigen die bereits erworbene Sicht. Auf der besagten Zahlenskala sind also alle von 1 bis 100 darstellbaren Skalierungen möglich. Ein Seitensprung ist ein harter Brocken. Es wird vermutlich niemanden geben, der das Buch nach dem Lesen zur Seite legen und zu sich sagen kann: „okay, alles halb so wild, vergessen und verziehen!"

Also lassen Sie sich nicht entmutigen, wenn es Ihnen zunächst einmal nicht viel besser geht als vorher. Einen Seitensprung zu verarbeiten dauert seine Zeit.

Falls Sie zu den Lesern gehören sollten, die mit dem Buch überhaupt gar nichts anfangen konnten, es vielleicht sogar des Öfteren am liebsten in die nächste Ecke geschmissen hätten, weil Sie auf jeder Seite der Lektüre dachten, was der Autor einem da um die Ohren haut, ist ja ungeheuerlich. Der spinnt ja wohl. Der tut ja gerade so, als sei ein Seitensprung keine große Sache. Was Treue wirklich bedeutet, davon hat der Hillmann ja gar keine Ahnung – und von Moral und Anstand noch viel weniger. Dann liegt das – so vermute ich – daran, dass Sie bewusst, aber größtenteils auch unbewusst alles abwehren, was Ihrer eigenen Sicht nicht entspricht. Sie sind dann im Grunde nur auf der Suche nach Bestätigungen für Ihre eigenen Überzeugungen. Das ist nicht ungewöhnlich und durchaus menschlich und legitim.

Wir alle haben eine mehr oder weniger ausgeprägte Abwehr gegen das, was unseren Überzeugungen nicht entspricht. Wir nehmen sogar überwiegend nur das wahr, was unsere Sicht der Dinge immer wieder neu bestätigt. Vieles andere, was uns an Informationen erreicht, überhören oder übersehen wir, blenden wir aus, nehmen wir nicht ernst, schenken wir keine Beachtung, lehnen wir ab etc.

Wir alle können nur so denken, fühlen und handeln wie es uns möglich ist. Jeder hat das Recht, die Dinge so wahrzunehmen und zu bewerten, wie er es möchte und verantworten kann. Deswegen respektiere ich jeden meiner Klienten und jeden meiner Leser, so wie er ist. Auf eines möchte ich an dieser Stelle aber gerne noch einmal aufmerksam machen:

Wenn Sie den Seitensprung wirklich verarbeiten möchten, dann kann Ihnen das meiner Erfahrung nach nur gelingen, wenn Sie die Freiheit und Bereitschaft in sich finden, manches anders zu sehen und zu bewerten, als Sie es aktuell tun. Denn wenn Sie die Dinge so sehen und bewerten, wie Sie es aktuell tun, bereitet Ihnen der Seitensprung Unbehagen, um nicht zu sagen große Probleme. Das wird so bleiben, wenn es Ihnen nicht gelingt, Ihr diesbezügliches Denken, Fühlen und Handeln zu verändern. Wenn Sie diese Freiheit und Bereitschaft nicht in sich finden, suchen Sie bewusst oder unbewusst nur nach Bestätigung Ihrer bisherigen Sichtweise.

Dies kann unmöglich dazu führen, dass Sie in dieser Sache Erleichterung erfahren.

Etwas anderes ist es, wenn es Ihnen nicht gelingt, dem Seitenspringer wieder zu vertrauen. Das hat selbstverständlich nicht nur damit etwas zu tun, ob es Ihnen gelingt, die ganze Angelegenheit neu zu bewerten. Wenn der Seitenspringer insgeheim vorhat, sich auch in Zukunft die eine oder andere Affäre zu genehmigen oder wenn er gar nicht weiß, ob er Ihnen in Zukunft überhaupt treu sein möchte, Ihnen das aber verschweigt, dann geht es nicht mehr nur darum, dass Sie eine andere Einstellung zu dem vorgefallenen Seitensprung einnehmen müssen, sondern dann sollte es zunächst einmal darum gehen, zu klären, was jeder von Ihnen beiden sich für die Zukunft wirklich wünscht.

Es ist nicht falsch, wenn man irgendwann im Leben merkt, dass man sich einen neuen Beziehungspartner wünscht und sich vom Partner trennt. Es ist auch nicht falsch, wenn man irgendwann im Leben merkt, dass einem Treue nicht mehr so wichtig ist, und man sich dafür entscheidet, künftig andere Beziehungsmodelle auszuprobieren.

Es ist aber ganz gewiss falsch, respektlos, gewaltsam und unfair, wenn man das an der Seite eines Beziehungspartners tut, der damit nicht einverstanden ist. Darum kann ich Ihnen beiden nur wünschen, dass es Ihnen gelingt, alle Karten offen und ehrlich auf den Tisch zu legen. Sich der Realität zu stellen. Über alles offen, ehrlich und respektvoll zu reden. Unterschiede im Denken, Fühlen und Handeln anzuerkennen. Und nach einer Lösung zu suchen, die den Interessen und Bedürfnissen von Ihnen beiden gerecht wird.

Wenn Ihre Vorstellungen und Wünsche sich nicht vereinbaren lassen, ist nicht einer von Ihnen beiden daran schuld. Der Unterschied von Ihnen zu Ihrem Partner ist genauso groß, wie der Unterschied von Ihrem Partner zu Ihnen. Eine respektvolle Lösung kann in solchen Fällen dann eine respektvolle Trennung sein.

Auf den nun folgenden Seiten möchte ich Sie gerne dazu ermutigen, noch einmal über alles zu reflektieren. Widmen Sie sich diesen Fragen am besten erst dann, wenn Sie sich zutrauen, offen, ehrlich, sachlich, respektvoll und gleichberechtigt über Ihre Gedanken und Gefühle zu sprechen.

Alle Karten auf den Tisch

Frage an den Seitenspringer: An welchem Punkt stehen Sie gerade? (Sind Sie entschieden, die Beziehung mit Ihrem Partner fortzuführen und künftig nicht mehr fremdzugehen, weil Sie sich eine monogame Beziehung wünschen und Sie erkannt haben, was Ihnen die Beziehung mit Ihrem Partner bedeutet? Wissen Sie schon genau, was Sie jetzt wollen? Oder ist Ihnen das noch nicht ganz klar? Vielleicht weil Sie noch in irgendeiner Form emotional mit einer dritten Person verwoben sind? Oder weil Sie sich wünschen, ab und zu mal einen Seitensprung erleben zu können? Oder träumen Sie insgeheim davon, zwei Menschen lieben zu dürfen? Können Sie jetzt und hier offen und ehrlich konkret sagen, was Sie sich für die Zukunft wünschen? Oder wissen Sie das noch nicht ganz genau? Was wissen und möchten Sie jetzt und hier? Wie sieht Ihre Realität aus?)

Frage an den Hintergangenen: An welchem Punkt stehen Sie gerade? (Wie ist es bei Ihnen ganz genau? Ist es vielleicht so, dass Sie aktuell gar nicht sagen können, ob Sie die Beziehung weiterführen möchten oder nicht? Oder ist es so, dass Sie sie zwar gerne weiterführen würden, aber Ihre Verletzung noch so groß ist, dass Sie nicht wissen, wie das gehen soll? Oder wissen Sie nicht, ob Sie Ihrem Partner jemals wieder vertrauen können? Wissen Sie, ob Sie Ihren Partner noch lieben oder können Sie das gar nicht mit Gewissheit sagen? Sind Sie vielleicht sogar bereits an einem Punkt angelangt, an dem Sie sagen können, dass Sie den Seitensprung akzeptiert haben, aber Sie dennoch mit negativen Gefühlen oder unerträglichen inneren Bildern zu kämpfen haben? Wie genau ist das bei Ihnen? An welchem Punkt stehen Sie jetzt und hier? Wie sieht Ihre Realität aus?)

Aufgabe für beide Beziehungspartner: Sprechen Sie beide über die vorangegangen beiden Fragen. Teilen Sie sich einander offen und ehrlich mit. Dabei beachten Sie bitte Folgendes: Es geht nun zunächst einmal darum, sich der Realität zu stellen. Die Realität ist nicht immer so, wie man sie sich erträumt. Daran ist keiner von Ihnen beiden Schuld. Wenn Sie um die Realität herumreden, wie um den heißen Brei, können Sie für Ihre Zukunft nur Lösungen finden, die auf einer unrealistischen Grundlage basieren. Es ist nicht leicht – vor allem, wenn man es nicht gewohnt ist – offen und ehrlich über alles zu sprechen und die Wahrheit als gegeben anzuerkennen. Die Versuchung ist deshalb häufig groß, die Dinge schönzureden und eigene Interessen und Bedürfnisse zu verschweigen, die eventuell zu Anschuldigungen oder neuem Leid führen könnten. Oder auch Dinge, für die man sich schämt oder von denen man weiß, dass der Partner kein Verständnis für sie hat. Wenn es Ihnen nicht gelingt, sich gegenseitig den größtmöglichen Raum für Offenheit und Ehrlichkeit zur Verfügung zu stellen, können Sie zu keiner ehrlichen, zielführenden Lösung finden. Sie brauchen Raum, in dem Sie sich offen und ehrlich zeigen, offenbaren, zumuten und annehmen können – als den Menschen, der Sie sind und im Vertrauen darauf, dass Sie vom anderen ernst genommen, angehört und respektiert werden. Vielleicht braucht Ihr Partner noch Zeit, um sich darüber klar zu werden, was er will. Dann nützt es nichts, ihm Vorwürfe zu machen und ihm die Pistole auf die Brust zu setzen. So verständlich das einerseits wäre, so respektlos wäre es auch. Wenn Sie für die Realität nicht bereit sind oder sich nicht zutrauen, auf alles, was gesagt werden könnte, respektvoll zu reagieren, auch wenn es vielleicht etwas Unerfreuliches ist, haben Sie nur die Möglichkeit zu einer Lösung zu finden, die auf Augenwischerei basiert. Zu einer wirklich respektvollen, wertschätzenden, gleichberechtigten, fairen, gesunden und erwachsenen Lösung können Sie dann vermutlich nicht finden. Wenn Sie aktuell noch nicht bereit sind, alle Karten offen und ehrlich auf den Tisch zu legen und alles, was dabei in Erscheinung tritt, als gegeben anzuerkennen und respektvoll darüber zu sprechen, dann lassen Sie sich lieber noch ein wenig Zeit. Wenden Sie sich diesem Aufgabenteil dann vielleicht in ein oder zwei Wochen nochmal zu! Vielleicht haben Sie sich bis dahin schon etwas mehr gesammelt und neuen Mut gefasst.

Aufgabe für beide Beziehungspartner: Lesen Sie beide dieses Buch nun noch einmal gemeinsam. Vielleicht mögen Sie sich abwechselnd daraus vorlesen. Teilen Sie einander Ihre Gedanken zu jeder einzelnen Überschrift offen und ehrlich mit. Dabei beachten Sie auch bitte unbedingt wieder Folgendes: Es geht darum, sich der Realität zu stellen. Eine andere Möglichkeit gibt es nicht. Wenn Sie die Realität nicht als gegeben akzeptieren, können Sie zu keiner Lösung finden, die es Ihnen ermöglichen würde, Ihre Beziehung auf einer vertrauensvollen, partnerschaftlichen Basis weiterzuführen. Sie können Ihre Beziehung dann nur auf einer Basis von Augenwischereien fortführen. Die Realität ist nicht immer so, wie man sie sich wünscht. Daran ist keiner von Ihnen beiden schuld! Stellen Sie sich den größtmöglichen Raum für Offenheit und Ehrlichkeit zur Verfügung, sonst können Sie zu keiner ehrlichen, erwachsenen, respektvollen, zielführenden Lösung finden. Zeigen Sie sich, offenbaren Sie sich, muten Sie sich einander zu, nehmen Sie einander als den Menschen an, der Sie sind. Was geschehen ist, ist geschehen. Akzeptieren Sie das! Menschen machen Fehler, Unüberlegtheiten und vieles andere mehr, was nicht schön, erfreulich, gerecht, angemessen etc. ist.

Geben Sie den Chancen und Möglichkeiten der Gegenwart und Zukunft mehr Bedeutung als den Fehlern aus der Vergangenheit. Ob das, was in der Vergangenheit falsch lief, für Sie mehr Bedeutung hat, als das, was ist und sein wird, liegt an Ihnen! Es kommt nur darauf an, wie Sie das ganze bewerten. Wenn Sie den Fehlern aus der Vergangenheit aktuell noch mehr Bedeutung zumessen, als den Chancen und Möglichkeiten der Gegenwart und Zukunft, so ist das nicht unabänderlich. Es liegt an Ihnen. Es ist eine geistige Leistung. Sie können diese Geistesleistung erbringen oder nicht. Es ist Ihre Entscheidung. Seien Sie nicht so streng mit sich selbst und miteinander. Die größte Sehnsucht eines jeden Menschen ist jene, verstanden zu werden. Versuchen Sie sich mit Verständnis zu begegnen. Wenn Sie sich das aktuell noch nicht zutrauen, dann lassen Sie sich lieber noch ein wenig Zeit. Wenden Sie sich diesem Buch dann vielleicht in ein oder zwei Wochen nochmal zu! Vielleicht haben Sie sich bis dahin schon etwas mehr gesammelt und neuen Mut gefasst.

6.) ÜBUNGEN ZUR ERKENNTNIS-VERTIEFUNG

Übung für den Seitenspringer

Stellen Sie sich vor, Sie arbeiten als Referent bzw. Referentin an einer Schule für Erwachsenenbildung. Ihr Chef hält sehr viel von Ihnen und Ihrer Arbeit. Er bittet Sie, in einer fünfzehnminütigen Unterrichtseinheit, die in zwei Wochen stattfinden soll, ein Referat zu halten. In diesem Referat sollen Sie darüber berichten, warum Fremdgehen keine gute Erfüllungsstrategie zur Erfüllung unerfüllter Bedürfnisse darstellt. Erstellen Sie dieses Referat zunächst schriftlich. Wenn Sie es fertiggestellt haben, tragen Sie es entweder Ihrem Partner bzw. Ihrer Partnerin vor, oder wenn Sie sich dies nicht zutrauen, lesen Sie beide es sich gemeinsam durch. Wenn Sie es sich zutrauen, sprechen Sie anschließend miteinander noch einmal darüber. Wenn Sie sich das zu diesem Zeitpunkt noch nicht zutrauen sollten, lassen Sie das Gelesene einfach so stehen und lassen es wirken.

Übung für den Hintergangenen

Stellen Sie sich vor, Sie arbeiten als Referent bzw. Referentin an einer Schule für Erwachsenenbildung. Ihr Chef hält sehr viel von Ihnen und Ihrer Arbeit. Er bittet Sie, in einer fünfzehnminütigen Unterrichtseinheit, die in zwei Wochen stattfinden soll, ein Referat zu halten. In diesem Referat sollen Sie darüber berichten, welche Gründe einem Seitensprung zugrunde liegen können und welche Gründe es gibt, dass ein Seitensprung als Signal für Beziehungsprobleme sowie als Chance auf einen Neustart der Beziehung angesehen werden kann. Erstellen Sie dieses Referat zunächst schriftlich. Wenn Sie es fertiggestellt haben, tragen Sie es entweder Ihrem Partner bzw. Ihrer Partnerin vor, oder wenn Sie sich dies nicht zutrauen, lesen Sie beide es sich gemeinsam durch. Wenn Sie es sich zutrauen, sprechen Sie anschließend miteinander noch einmal darüber. Wenn Sie sich das zu diesem Zeitpunkt noch nicht zutrauen sollten, lassen Sie das Gelesene einfach so stehen und lassen es wirken.

Meditative Übung für den Hintergangenen

Wenn Sie an einem Punkt angekommen sind, wo Sie den Seitensprung zwar mental weitestgehend verarbeitet haben, kann es sehr gut sein, dass Ihre Gefühle oder inneren Bilder noch eine andere Sprache sprechen. Beispielsweise wie es in den Fallbeispielen von Viviane und Andreas sowie Dorothea und Sigmar war. Wenn das bei Ihnen so ist, kann die nachfolgende Übung möglicherweise sehr hilfreich für Sie sein:

Erinnern Sie sich einmal täglich in aller Ruhe an die Aufdeckung des Seitensprungs. Tauchen Sie aber nicht weiter in das Geschehnis ein, sondern machen Sie sich stattdessen sogleich bewusst, dass Ihr Partner bzw. Ihre Partnerin ein liebevoller, freundlicher, wertvoller Mensch ist, und dass die in Vergangenheit erlebten, leidvollen, schmerzenden Gefühle zu dieser Erkenntnis nicht mehr passen. Dann erinnern Sie sich an eine Situation aus Ihrem gemeinsamen Leben, in der Sie beide sich rundum glücklich und wohl fühlten und verweilen Sie ca. zwei Minuten (oder länger) in diesem Glücksgefühl. Stellen Sie sich dann bildlich vor, wie sich das Glücksgefühl aus Ihrem Bauch heraus im ganzen Körper verteilt. Bis es im Kopf, in den Füßen, im Herzen und überall im Körper angekommen ist. Vielleicht stellen Sie sich diesen Vorgang als ein helles Licht vor, das sich immer mehr in Ihnen ausbreitet. Versuchen Sie dabei auch die Wärme zu spüren, die sich gemeinsam mit dem Licht in Ihnen ausbreitet und spürbar wird. Machen Sie sich dann bewusst, dass dieses Glücksgefühl viel besser zu dem Bild passt, das Sie von Ihrem Partner bzw. Ihrer Partnerin haben.

So lernen Sie, Ihre negativen Gefühle, die in Teilen noch in der alten Überzeugung verhaftet sind und Ihnen noch in den Knochen stecken, mit der neu gewonnenen Überzeugung vertraut zu machen und sie schließlich mehr und mehr in positive Gefühle zu verwandeln. Führen Sie diese Übung so lange immer wieder täglich durch, bis Sie den alten Schmerz irgendwann nicht mehr fühlen. Sie haben ihn dann erfolgreich mit Ihren Glücksgefühlen überschrieben!

Meditative Übung für den Seitenspringer

Auch der Seitenspringer kann in der Regel eine Zeit lang mit seelischem Leid gekämpft oder sogar noch zu kämpfen haben. Er musste oder muss sich noch von den euphorisierenden Gefühlen trennen, die er für eine dritte Person empfand oder vielleicht noch immer in Teilen empfindet, um seine Energie wieder ungehindert in die Beziehung zum Lebenspartner einfließen lassen zu können. Das kann unter Umständen schmerzhaft sein. Oder er kämpft noch mit Schuldgefühlen, die ihn quälen, weil er an sich selbst eigentlich auch immer den Anspruch hatte, ein treuer, liebender, vertrauensvoller, verlässlicher Partner zu sein. Sich eingestehen zu müssen, dass man an dieser Stelle versagt hat, obwohl man doch trotzdem treu, liebevoll, vertrauensvoll und verlässlich sein möchte, kann sehr schmerzhaft und belastend sein. Erstrecht, wenn man niemand hat, der einem hilft, diese Schuld aufzulösen. Meistens ist eher das Gegenteil der Fall. Auch für den Seitenspringer stürzte oder stürzt häufig eine Welt zusammen und er sah oder sieht sich einer Situation ausgesetzt, der er sich nicht gewachsen fühlt und bei der er glaubt, den Boden unter den Füßen zu verlieren. Wenn das bei Ihnen so ist, kann die nachfolgende Übung möglicherweise hilfreich für Sie sein:

Erinnern Sie sich einmal täglich in aller Ruhe ganz bewusst daran, dass Ihr Partner bzw. Ihre Partnerin für Sie ein wertvoller Mensch ist, mit dem Sie in Zukunft eine respektvolle und vertrauensvolle Beziehung führen möchten, weil Ihnen dieser Mensch und die gemeinsame Beziehung mit ihm viel bedeuten. Bedenken Sie dann, dass die leidvollen, schmerzenden Gefühle, die noch aus der Erinnerung an den Dritten stammen, der Preis sind, den Sie für die Fortführung Ihrer Beziehung unausweichlich zu zahlen haben. Dann erinnern Sie sich an eine Situation, die Sie einmal mit Ihrem Lebenspartner erlebten, in der Sie sich rundum glücklich und wohl fühlten und verweilen Sie ca. zwei Minuten (oder länger) in diesem Glücksgefühl. Stellen Sie sich dann bildlich vor, wie sich das Glücksgefühl aus Ihrem Bauch heraus im ganzen Körper verteilt. Bis es im Kopf, in den Füßen, im Herzen und überall im Körper angekommen ist. Vielleicht stellen Sie sich diesen Vorgang als ein helles Licht vor, das sich immer mehr in Ihnen ausbreitet. Versuchen Sie dabei auch die Wärme zu spüren, die sich gemeinsam mit dem Licht in Ihnen ausbreitet und spürbar wird. Machen Sie sich dann bewusst, dass dieses Glücksgefühl zu Ihrem Partner bzw. Ihrer Partnerin und Ihrer gemeinsamen Beziehung gehört.

So lernen Sie, Ihre emotionale Energie, die in Teilen noch an vergangene Erinnerungen an eine dritte Person und an die Verabschiedung der damit verbundenen euphorischen Gefühle gebunden ist, für Ihre Gegenwart und Zukunft wieder freizusetzen. Führen Sie diese Übung so lange immer wieder täglich durch, bis die Energie, die noch von seelischem Leid absorbiert wurde, Ihnen wieder für die Gestaltung der Gegenwart und Zukunft vollumfänglich zur Verfügung steht!

Zum Schluss
Jetzt sind Sie fast am Ende des Buches angekommen. Ich habe Ihnen vielerlei Gedanken rund um die Themen Treue, Vertrauen und Liebe in der Partnerschaft zusammengestellt. Alles, was Sie auf den zurückliegenden Seiten lesen konnten, ist dazu gedacht, Sie dazu zu ermutigen, sich der Realität zu stellen und Sie dabei zu unterstützen, einen Seitensprung aus unterschiedlichen Perspektiven zu beleuchten. Sinn und Zweck ist natürlich, dass Sie als Hintergangener aber auch Sie als Seitenspringer sich gedanklich mit dem Vorfall auf eine Weise auseinandersetzen, die es Ihnen ermöglicht, zu mehr Klarheit zu finden. Klarheit, die Ihnen dabei hilft, die Dinge jenseits Ihrer verletzten und verwirrten Gefühle nüchtern und realistisch zu betrachten. Es geht darum, herauszufinden, welche Bedeutung ein Seitensprung im Allgemeinen haben kann und welche er für Sie ganz persönlich hat. Und insbesondere, was der Seitensprung für Ihre gemeinsame Zukunft bedeutet. Bei solch einer starken Erschütterung der menschlichen Bedürfnisse sowie einer derart heftigen mentalen und emotionalen Überforderung wie sie bei einem Seitensprung auftritt, halte ich es für dringend erforderlich, die ganze Angelegenheit sachlich zu hinterfragen. Wenn Sie in solch einer schweren Überforderung nur Ihren Gefühlen Glauben schenken, werden Sie Ihre momentane Befindlichkeit vermutlich kaum oder gar nicht verändern können. Den Vorfall zu klären, die Dinge

realistisch zu betrachten, zu verstehen, warum geschehen <u>konnte</u>, was geschehen ist, die richtigen Schlüsse für die Zukunft daraus zu ziehen und schließlich zu vergeben und zu verzeihen, ist eine geistige Leistung. Wie schwer es ist, diese geistige Leistung zu erbringen, hängt davon ab, welche natürlichen und erlernten Bedürfnisse und Überzeugungen Sie im Laufe Ihres Lebens verinnerlicht haben. Es kann daher eine leichte, mittelschwere, schwere oder nicht erbringbare Leistung für Sie darstellen. Es kommt darauf an, wie viel innere Freiheit und Gelassenheit Sie in sich finden, noch einmal neu über alles nachzudenken und ob Sie dazu in der Lage sind, in mancherlei Hinsicht zu anderen Einsichten, Urteilen und Bewertungen zu finden. Diese Leistung kann nicht von Ihren Gefühlen erbracht werden. Ganz im Gegenteil, negative Gefühle behindern oder blockieren sachliche, zielführende geistige Leistungen. Sie wehren diese geradezu ab.

Gefühle ersetzen häufig geistige Leistungen. Sie platzieren sich in unseren Wissenslücken. So kommt es, dass wir das, was wir fühlen, für Wissen halten und wir es gar nicht für nötig erachten, noch einmal alles nüchtern und sachlich zu hinterfragen. Wenn Sie diese geistige Leistung nicht erbringen möchten oder können, werden Sie stattdessen weiterhin gefühlgesteuert versuchen klarzustellen, wer sich zurecht verletzt fühlen darf (wer Recht hat) bzw. wer zu verurteilen ist (wer schuldig ist). An dieser Erfüllungsstrategie festzuhalten, ist zwar verständlich, denn die Verletzungen und die damit verbundenen Ängste sind so groß, dass alles andere geradezu als Zumutung erscheint. Das ändert aber nichts daran, dass diese nachvollziehbare Erfüllungsstrategie nicht sinnvoll und nicht zielführend ist. Jedenfalls dann nicht, wenn man herausfinden möchte, ob und wie es möglich werden kann, die Beziehung glücklich und zufrieden miteinander fortzuführen. Diese Erfüllungsstrategie ist wie schon gesagt zwar nachvollziehbar, sie ist aber dennoch respektlos. Man respektiert dabei den anderen nicht als den Menschen, der er ist. Wenn man einen Menschen nicht so respektiert, wie er ist – mit all seinen Stärken, Schwächen und Fehlern – ist das immer respektlos. Das ist auch dann so, wenn wir meinen, ihn mit Recht respektlos behandeln zu dürfen, weil er uns beispielsweise ebenfalls respektlos behandelte. Etwa weil er uns einen Seitensprung angetan hat. Das ist schließlich auch eine

Respektlosigkeit. Das ist sogar noch sehr gelinde ausgedrückt. Daher kann man durchaus sagen, dass man einen Seitenspringer mit Anschuldigungen und Vorwürfen zwar nachvollziehbarerweise respektlos behandelt, aber respektlos bleibt respektlos. Respektlosigkeit führt niemals zu einer heilsamen Lösung. Die Lösung liegt darin, zu respektieren was ist und sich respektvoll und gleichberechtigt dieser Realität zu stellen. Gleichberechtigt heißt hier auch wieder: Deine Stärken, Schwächen und Fehler unterscheiden sich vielleicht zu meinen Stärken, Schwächen und Fehlern, aber da wir gleichberechtigt sind, sind meine Stärken, Schwächen und Fehler genauso als zu mir gehörend anzuerkennen, wie deine als zu dir gehörend anzuerkennen sind. Deine sind nicht besser als meine, genauso wie meine nicht besser als deine sind. Zur Veranschaulichung siehe auch noch einmal das Beispiel von Katrin und Lars!

Abschließend noch einmal ein paar intervenierende Gedanken für Sie: Ein Seitensprung ist und bleibt in einer monogam angelegten Beziehung ein grober Fehler. Gemessen an dem Schmerz, der dabei für alle Beteiligten verursacht wird, ist das sogar noch vorsichtig ausgedrückt. Ein Seitensprung ist aber deshalb noch lange kein Beweis für einen schlechten Charakter. Es muss auch nicht zwangsläufig bedeuten, dass jemand nicht vertrauenswürdig ist. Menschen machen Fehler! Wir alle sind hochkomplexe, emotionale Wesen, denen es nicht immer leicht fällt, im Wirrwarr allen Denkens und Fühlens das Richtigste, Gerechteste, Achtsamste, Anständigste oder Angemessenste zu tun.

Treue ist ein hohes Gut. Fast jeder Mensch wünscht sich einen treuen Partner. Aufgrund unserer vielschichtigen zum Teil gegensätzlichen natürlichen menschlichen Bedürfnisse haben wir alle schon des Öfteren bemerkt, dass das, was wir von uns selbst erwarten, nicht immer und ausnahmslos das ist, was wir in uns wahrnehmen und uns wünschen. Oft kämpfen zwei oder mehrere gegensätzliche Bedürfnisse in uns nach Beachtung. Je nachdem in welcher psychischen und emotionalen Verfassung wir gerade sind, agieren wir mal mehr und mal weniger besonnen und angemessen. Erstrecht wenn wir in einer Beziehung leben, in der manche unserer Bedürfnisse auf der Strecke bleiben und wir keinen Raum vorfinden, in dem wir mit unserem Partner respektvoll und einander zugewandt über alles reden können, kann es zu unangemessenen oder unachtsamen Handlungen kommen.

In diesem Buch habe ich des Öfteren versucht, das hohe Ideal der Treue einmal zu beleuchten. Diesbezüglich möchte ich abschließend eines noch zu bedenken geben: Liebe wird im Allgemeinen ganz eng mit Treue verknüpft. Wenn es sich um wahre Liebe handelt, dann soll es angeblich niemals zu Untreue kommen dürfen. Andernfalls könne keine wahre Liebe zugrunde liegen. Offene Beziehungen in denen man sich gegenseitig erotische Abenteuer oder Ähnliches erlaubt, seien verwerflich, unanständig, unehrlich und könnten nichts mit wahrer Liebe zu tun haben. Dementsprechend heißt es, absolute Treue sei ein Beweis für wahre Liebe. Ich möchte diese Behauptung noch einmal gerne etwas genauer unter die Lupe nehmen. Meiner Erfahrung nach kann man das so nämlich nicht einfach behaupten. Ich würde wahre Liebe viel eher wie folgt beschreiben:

Wenn ein Mensch einen anderen Menschen wirklich liebt, dann ist er an dessen Glück und Wohlergehen interessiert. Es ist ihm ein Bedürfnis, dem geliebten Menschen das zu gönnen und zu geben, was er für seine Entwicklung und Entfaltung braucht. Denn nur wenn uns das zur Verfügung steht, was wir für unsere Entwicklung und Entfaltung brauchen, können unsere Bedürfnisse ausreichend Erfüllung finden und nur so können wir Glück in uns spüren. Wenn der geliebte Mensch sein Glück nicht in einer monogamen Beziehung finden kann, weil seine Bedürfnisse dementsprechend eine andere Sprache sprechen, dann würde wahre Liebe ihn dafür nicht schuldig sprechen und auch keine Bedingungen stellen. Wahre Liebe lässt frei. Sie würde von dem geliebten Menschen nicht verlangen, sich entsprechend der eigenen Bedürfnisse zu verbiegen oder gar aufzugeben. Wahre Liebe würde dann vermutlich sagen: „Okay, auch wenn es mir sehr schwerfällt, das auszusprechen, aber wenn das für dich wichtig ist, dann gönne ich dir das, weil mir dein Glück wichtig ist. Suche du dein Glück auf deine Weise und lass mich mein Glück woanders suchen. Wir passen nicht zusammen und sollten uns daher nicht gegenseitig im Wege stehen. Ich wünsche dir alles Gute für dein weiteres Leben."

Oder wahre Liebe könnte auch sagen: „Okay, wenn dich das glücklich macht, dann lass uns versuchen, in einer offenen Beziehung glücklich miteinander zu werden!"

Es kann also durchaus auch als ein Zeichen von psychischer Reife und sozialer Kompetenz angesehen werden, wenn man erkennt, dass ein Mensch für einen anderen nicht alles sein kann und man deshalb bereit ist, sich gegenseitig so viel Freiraum zur eigenen Entwicklung und Entfaltung zur Verfügung zu stellen, wie jeder für sich braucht. Ich möchte sogar noch einen Schritt weiter gehen:

Erst wenn so viel Liebe zwischen zwei Menschen existiert, dass jeder dem jeweils anderen genügend Freiheit für eigenes Denken, Fühlen und Handeln zugesteht, hat man eine gute, gesunde, vertrauensvolle, erwachsene Basis auf der eine Beziehung für zwei Menschen so viel an Bedeutung gewinnen kann, dass beiden Beteiligten ihre Liebe es wert ist, einander treu zu sein.

Nur wenn wir uns gegenseitig erlauben, der Mensch sein zu können, der wir sind, mit all unseren Stärken und Schwächen, können wir uns wirklich geliebt fühlen. Nur wenn wir uns wirklich geliebt fühlen, ist es uns unsere Beziehung wert, einander treu zu sein. Wir wissen dann zwar, dass wir füreinander nicht alles sein können, aber unsere Liebe zu einander ist uns so viel wert, dass uns das reicht. Einander treu zu sein, ist uns dann unsere Liebe wert. Unsere Liebe ist uns dann so viel wert, dass wir aufhören, außerhalb unserer Beziehung nach Erfüllung zu suchen für Dinge, die wir in unserer Zweisamkeit nicht vorfinden können.

Unsere große Sehnsucht nach Verständnis ist erst dann erfüllt, wenn wir einen Partner an unserer Seite wissen, der uns dabei unterstützt, der Mensch sein zu können, der wir sind. Jemand, der uns gerade deshalb, weil er uns versteht, den Freiraum zugesteht, der zur Erfüllung unserer menschlichen Bedürfnisse erforderlich ist. Erst wenn unsere menschlichen Bedürfnisse erfüllt sind, können wir Glück in uns spüren.

Aber stattdessen ist es um die Liebe zweier Menschen häufig eher wie nachfolgend bestellt: Beide Beteiligten besitzen nicht die psychische Reife und soziale Kompetenz einander zu gönnen, der Mensch sein zu dürfen, der man ist. Beiden ist es demnach nicht ausreichend möglich, dem jeweils anderen das Gefühl zu geben, verstanden und geliebt zu werden. Denn verstanden und geliebt kann man sich vom Partner nur fühlen, wenn man neben ihm im Großen und Ganzen der Mensch sein darf, der man ist und sein möchte. Ich erlebe es ja in meinen Beratungen tagtäglich, dass es diese einander freilassende, respektvolle, wertschätzende, gleichberechtigende Liebe in vielen Beziehungen nicht vollumfänglich gibt. Stattdessen bieten beide sich gegenseitig genau das Gegenteil von dem, was sie sich eigentlich wünschen und was sie zum Glücklichsein brauchen. Es wird versucht, den Partner zu bevormunden, zu manipulieren, zu beschuldigen und nach eigenen Wünschen umzuerziehen. Beide sind mehr oder weniger intensiv damit beschäftigt, dem jeweils anderen den Freiraum, den man für sich und sein Leben braucht, einzuengen, zu beschneiden, wegzunehmen. Jeder verhindert mit seinen Ansprüchen, Erwartungen und Vorwürfen, die er an den anderen stellt, das Glück des anderen. Es ist dann nicht verwunderlich, wenn einem die Beziehung unter solchen Bedingungen es nicht mehr wert ist, einander für immer treu zu sein! Es existiert zumindest eine Beziehungsbasis, auf der ein Seitensprung passieren kann. Der Preis für die Treue erscheint einem in einem passenden Moment dann vermutlich einfach als zu hoch.

Ein Seitensprung ist natürlich genauso wenig ein Zeichen von psychischer Reife und sozialer Kompetenz, wie es Bevormundung, Anschuldigung, Beschimpfung, Manipulation, Besserwisserei, Gewalt und alle weiteren respektlosen Erfüllungsstrategien auch nicht sind. All diese Strategien sind genauso wie ein Seitensprung respektlose Übergriffe auf die Würde und Seele des jeweils anderen.

Die Lösung liegt in einer respektvollen, gleichberechtigten, verständnisvollen und an einander interessierten gemeinsamen Kommunikation.

Ich wünsche Ihnen, dass Sie sich öffnen, einander offen und ehrlich mitteilen und miteinander klären können, ob der Seitenspringer wirklich ein Mensch ist, dem man in Zukunft das Vertrauen vorenthalten sollte, oder ob er das nicht ist. Genauso wünsche ich Ihnen, dass Sie bei dieser Klärung feststellen, ob Sie beide weiterhin in Zukunft miteinander leben möchten oder nicht.

Wenn Sie sich der Realität stellen, über alles respektvoll und anerkennend kommunizieren, werden Sie dabei klären können, welche Möglichkeiten es für Sie gibt und welche nicht. So wie es ist, so ist es. Ob es erfreulich ist oder nicht, die Realität kann man nicht einfach wegwischen. Sie ist zu akzeptieren. Alles andere führt nur in die Irre. Alles andere wäre Augenwischerei.

An Ihrer Unterschiedlichkeit ist keiner von Ihnen beiden schuld. Sie beide haben Ihre jeweils eigenen Bedürfnisse, Interessen, Vorstellungen und Befindlichkeiten. Wenn Ihnen Offenheit, Ehrlichkeit, Respekt und Gleichberechtigung etwas bedeuten, können Sie nur zu der Einsicht gelangen, dass keiner von Ihnen beiden für die zwischen Ihnen existierende Unterschiedlichkeit mehr verantwortlich ist, als der andere. Wenn die Bedürfnisse des Seitenspringers zu den Bedürfnissen des Hintergangenen nicht mehr passen, ist der Unterschied von einem zum anderen genau gleich groß. Der Seitenspringer passt dann genauso wenig zum Hintergangenen, wie der Hintergangene zum Seitenspringer passt. Keiner von beiden hat die besseren, richtigeren, berechtigteren Bedürfnisse als der andere.

Letztlich geht es in diesem Buch darum, aus dem Seitensprung die richtigen Schlüsse zu ziehen und für die Zukunft daraus zu lernen. Es geht also darum, sich persönlich zu entwickeln, die Vergangenheit offen und ehrlich zu hinterfragen und die Gegenwart und Zukunft achtsamer, respektvoller, vertrauensvoller, gleichberechtigter und empathischer zu gestalten.

Wenn Sie in einer Beziehung leben, in der klar ist, dass sich keiner für den anderen verbiegen oder aufgeben muss; zu welchen gemeinsamen Absprachen Sie sich verpflichten; in der Sie verständnisvoll und gewaltfrei miteinander umgehen; wo Sie genau wissen, was Sie aneinander haben und welchen Stellenwert Ihre gemeinsame Paarbeziehung für Sie hat, dann haben Sie eine

Grundlage, auf der Sie genau wissen, was Ihnen Ihre Beziehung bedeutet und dass diese es Ihnen wert ist, sie gegen mögliche Gefahren von außen zu schützen. Wenn Sie in solch einer Beziehung leben, ist Ihnen diese es auch wert, einander treu zu sein.

Ich wünsche allen Paaren, die versuchen möchten, ihre gemeinsame Beziehung zu retten und fortzuführen, den Mut, sich den nötigen Raum für Offenheit und Ehrlichkeit zur Verfügung zu stellen, der es ermöglicht, sich der Realität zu stellen. Möge es Ihnen gelingen, sich füreinander zu öffnen, zu interessieren und verständnisvoll zu begegnen, damit Sie unvoreingenommen klären können, was Sie miteinander verbindet und was Ihnen Ihre Beziehung und Ihre Liebe wirklich bedeuten.

Herzlichst – Ihr Ralf Hillmann

PS:
Für die gemeinsame Paararbeit zur Reflexion und Erneuerung Ihrer Beziehung empfehle ich Ihnen mein Buch:

Unser Paar-Projekt
Selbsthilfekurs für Paare in Beziehungskrisen: Mit mehr Interesse, Verständnis und Wertschätzung füreinander zu neuem Paarglück
Ralf Hillmann / Seiten: 256 / ISBN: 978-3751934077
- überall im Handel -

Mein Name ist Ralf Hillmann, 1965 wurde ich in Kassel geboren. Heute lebe und arbeite ich als Autor und Psychologischer Berater in Rödermark bei Frankfurt am Main. Mit meiner Arbeit als Coach unterstütze ich seit 2013 Paare und Einzelpersonen in Lebenskrisen beim Entwickeln von Lösungen. Dabei geht es immer auch um die Aktivierung von Kompetenzen, Ressourcen und  die Erforschung neuer Perspektiven. Ich begleite Ratsuchende mit professioneller psychologischer Interventionsmethodik dabei, Probleme und Krisen zu bewältigen; kognitive und emotionale Überforderungen (Verwirrungen, Verzerrungen und Dissonanzen) zu analysieren; Gedanken und Gefühle zu sortieren; neue Denk- und Handlungsspielräume zu erobern; nach vorne zu blicken; Ziele zu benennen und Lösungswege zu finden, die ganz speziell zu ihrem individuellen Persönlichkeitspotenzial passen.

Neben meiner Spezialisierung im Bereich Paarberatung können die Themenfelder meiner Beratungsarbeit z.B. auch folgende sein: Krisen in zwischenmenschlichen Beziehungen wie Probleme mit Familie, Freundschaft, Partnerschaft, Nachbarschaft etc.; Lebensabschnittskrisen wie Probleme mit dem Alter oder sonstige Krisen im Privatleben wie Probleme rund um das Thema Liebe; Probleme mit Einsamkeit, Alleinsein, Unausgefülltsein und Sehnsucht; Probleme rund um Selbstwert und Selbstbewusstsein; Krisen in der Sexualität wie Probleme mit der sexuellen Identität, mit Vorlieben und Neigungen; Probleme rund um Sinn, Sinnfindung, Suche nach Veränderung, Zielen, Visionen etc.

Meine Qualifikation: Staatlich geprüfte und zugelassene Ausbildung zum Psychologischen Berater und Personal Coach; permanente Weiterqualifizierung; langjährige Berufserfahrung.

Es grüßt Sie herzlichst – Ihr Ralf Hillmann

Rödermark, im Juni 2021

Literaturverzeichnis:

Ulrich Beer. Achtung Eifersucht.
Wilhelm Heyne Verlag GmbH & Co. KG, München 1987

Holly Michelle Eckert. Der Schuld entwachsen.
Junfermannche Verlagsbuchhandlung, Paderborn 2011

Martin Koschorke. Wie Sie mit Ihrem Partner glücklich werden, ohne ihn zu ändern. Verlag Herder GmbH, Freiburg im Breisgau 2013

Peter Lauster. Die Liebe.
Rowohlt Verlag GmbH, Hamburg 1982

Peter Lauster. Lebenskunst.
Rowohlt Verlag GmbH, Hamburg 1984

Peter Lauster. Wege zur Gelassenheit.
Rowohlt Verlag GmbH, Hamburg 1986

Peter Lauster. Stark sein in Beziehungskrisen.
Gustav Lübbe Verlag GmbH, Bergisch Gladbach 1997

Michael Lukas Moeller. Die Wahrheit beginnt zu zweit.
Rowohlt Taschenbuch Verlag, Hamburg 2019, 38. Auflage

Monika Oboth, Al Weckert. Mediation für Dummies.
Wiley-VCH Verlag GmbH & Co. KGaA; Weinheim 2014, 2. Auflage